「断食の神様」に教わった

霊性を高める少食法

森 美智代

徳間書店

この本を「断食の神様」と呼ばれていた天国の甲田光雄先生に捧ぐ。

はじめに

この本のタイトルは恩師の甲田光雄《こうだみつお》先生からいただいたものです。

甲田先生は亡くなる直前に「霊性も高まる健康法」という本を書こうとなさっていらっしゃいました。そのことを教えてくださったのは生前の甲田先生が大変頼りにされていた横井英昭《ひであき》さんです。

横井さんはオートバックス（カー用品専門店チェーン）の元取締役で、オートバックスの創業者の住野《すみの》さんが西式甲田療法の大変な信奉者であったことから、甲田先生と出会われ、先生と大変深い親交があった方です。

私を船井幸雄先生に紹介してくださったのも横井さんで、そういったご縁から横井さんは、一昨年から私が三重県名張の自宅「断食リトリート　あわあわ」で年3回開催している断食体験合宿に講師として参加してくださり、参加者の役に立つお話をしてもらっています。

そのお話の中で横井さんが「霊性も高まる健康法」の章構成を紹介してくださったのです。

甲田先生の最後の著作は2006年に刊行された『少食の実行で世界は救われる』でしたが、亡くなる前にこれに続く「霊性も高まる健康法」の出版を計画され、その概要を横井さんに伝えられていたのです。

そして横井さんからの強い勧めもあって、甲田先生のご遺志を継いで同じタイトルで本を書いてみようと思いました。

2020年1月吉日

森　美智代

霊性を高める少食法　目次

第3章　少食は最高の開運法

第4章　運命を変えた甲田光雄先生との出会い／一日青汁一杯に至るまで

第5章　誰でもできる少食への道

第6章　体を浄化する少食・断食の実践／西式健康法

第7章　光に導かれて

カバー　三瓶可南子
編集　豊島裕三子
本文イラスト　増田理恵

第1章　霊性への導きと甲田先生との日々

「断食の神様」と呼ばれた甲田光雄先生

私の命の恩人であり、師である甲田光雄《こうだみつお》先生は、大阪大学医学部を出たお医者様です。しかし、断食や生菜食、西式健康法（※1、第6章参照）を中心に指導して難病を含めたさまざまな病に苦しむ方を治るように導いておられました。検査もなるべくしないで、お薬を出さないお医者様でした。

50年以上も断食の指導をされていたことから、「断食の神様」と呼ばれておりました。診察も超能力のヒーリングの応用の手かざしで、その方のおなかや背中を手でなでるだけで、どこが悪いかを診断して、その人が治るように、お食事や体操や療法を指導しておられました。

診察の方法も神秘的でしたが、お人柄が、優しそうで、愛嬌があって、それでいて聖なる雰囲気があって、そう呼ばれていたと思います。

甲田先生が喉の調子が悪いとき、私が先生の喉に手を当ててみると、甲田先生は1秒で「3日前より何割くらいよくなっている？」と尋ねられたので、なんとせっかちなと、

3秒くらい意識を集中し目をつぶって、手の指先から感じる先生の気の変化を判断して、「○○くらいよくなりました」とお答えしたことがありました。

甲田先生と私の集中力の速さが異なるようで、私が3秒くらいでわかるところが1秒くらいでわかるなんて、甲田先生はやはりすごいなあと感心いたしました。

いつもではありませんが、「ウナギとかスイカとかはやめておきなさい」など、患者さんが少し前に食べていたものを具体的に挙げて言われることがあり、言われた患者さんはドキッとしたもので、何もかもお見通しの方でした。

実際、船井幸雄先生とも親しかった船井総研の元社員の方が、甲田先生に禁じられていたスイカを少しだけ食べた翌日の甲田先生の診察で「あんた、スイカ食べたな」と指摘されたということを、元社員のご本人から直接聞いたことがあります。

私なども、手で、ヒーリングを応用して触診させていただきますが、具体的な食べ物などはあまりわかりません。甘いものを食べたのかなとか、脂っこいものとか、ぼやっとわかる程度です。

あるとき、甲田先生に私が「私は患者さんが具体的に何を食べたかなどはわかりませんが、先生はどうしてわかるんですか?」とお聞きすると、「頭にな、すっと浮かんでくるんだ。あんまり言うと気にするから言わないようにしてるけどな。守護霊様が教えてくださるんだろうな」とおっしゃっておられました。

甲田先生は、わかっていてもあまり問い詰めたりしないで、本人が白状した場合などに、「そんなことじゃ治らない」などと叱《しか》られていました。わかっていてもあまり言われないのは、先生の優しさなのだと思います。でも命にかかわる病気のときにはそうもいかないでしょう。

断食を繰り返すうちに、手で触って悪いところがわかるようになった

甲田先生が手で触って、患者さんの悪いところ、宿便がどこにどれくらいたまっているかなどわかるようになったのは、阪大医学部に入って、西式健康法に出合ったころだったようです。断食を繰り返し行ったり、40分合掌行(22ページ参照)を行って、ミラクルな診断ができる手になったようです。

不思議な力を持つ人の中には、子供のころから、何か予知能力があって、私の鍼灸の

師匠の塩見哲生《しおみてつお》先生などはそういう子供だったそうです。

「この家が火事になるとか、あの人が亡くなる」とかしゃべって、お母さんに不吉なことを言うと怒られて、言ってはいけないことだと思ったという経験があったようです。大人になって鍼灸師になって、断食やさまざまな健康法をしていくうちに、ヒーリング能力とか、予知能力が再び出てきたそうです。

大阪、鶴見神社の宮司の花谷幸比古《はなたにゆきひこ》（※２）先生も、子供のころから見えないものが見えたり、神様とお話できたりしたそうです。

花谷先生の場合は、「神様とお話しした」と言っても怒られなかったと思います。職業柄といいますか、むしろ神社の子供にとっては良いことだったかもしれません。

花谷先生のお家は古神道の伯家《はっけ》神道のお家で、天皇の代替わりの大嘗祭《だいじょうさい》のときに、神様にお供えするお米の産地を決める斎田点定《さいでんてんてい》の儀（アオウミガメの甲羅を上溝桜《うわみずざくら》の木、別名ハハカの木で燃やして、そのひび割れでどこの地方からお米をとるか決まる）を行うお家だそうです。

その地方の農家の中から選ばれて、お米を出すことになれば、精進潔斎をして田んぼに入り、心を込めてお米を作り、大嘗祭に招かれる栄誉が与えられるそうです。

天皇の代が替わるたびに、花谷先生のお家の人が日本のどこの地方のお米を使うかを占って決めるそうです。千年も二千年も前、天皇家の代が替わるとき、霊感の強い花谷先生のご先祖様に、「この重要なお役目は、あなたの家に任せます」ということになって、その霊能力はきっと子孫にも受け継がれると信じて決まったことでしょう。

甲田先生の場合は、子供のころは不思議な力はなかったようです。医学生だった甲田先生は断食道場で断食しているときに西式健康法の西勝造《にしかつぞう》(※1)先生のご本に出合って、大変感銘を受けられました。「まるで一条の光が差し込んだようだった」そうです。断食を繰り返すうちに、患者さんのオーラも見えてきたり、手で触って悪いところがわかるようになったとおっしゃいます。

西勝造先生は、毎月1回大阪で講習会を開かれており、それに甲田先生は参加されて、10年くらいの間、西先生と親しくお話しされたそうです。

西先生は、阪大医学部卒のお医者さんの甲田先生が目をキラキラさせて勉強したり、質問するのを見て、「この方は、将来有望な青年だな」と思われたと思います。

西先生も霊感があって、手で触ると悪いところがわかったり、予言を的中させることもあったようです。先輩霊能者の西先生は甲田先生に「その手を治療に使わずに、診察だけに使いなさい」とアドバイスされたようです。ヒーリングをすると甲田先生の寿命が縮まると考えられてのことだと思います。

また甲田先生に「もっと馬鹿になれ」とも言われたそうです。「頭に血が回りすぎて、肝臓に血が回らなくなる」との親心でしょうか。頭の良い甲田先生だからおっしゃられたことでしょうね。

霊感のある西勝造先生から、霊感のある前途有望なお医者さんの甲田先生に対するアドバイスは、大変貴重で、誰にもできないことだったと思います。

命を削って患者さんのために尽くされていた甲田先生

私も16歳のとき、高校2年生のときに、初めて甲田先生にお会いして、40分合掌行をした後、手で触ると悪いところがわかるようになりました。

そのとき、まだ解剖学を学んでいなかったし、高校生だったので、何の役にも立ちませんでしたが、手から出した気が体の中に入って、帰ってきた気の反応で、どこの細胞がどれだけ悪いかを判断することができるようになっていました。

40分合掌行は一生に1回すれば「癒しの手ができる」という修行です。
これをやれば手当療法ができるようになります。

でも基本はセルフヒーリングで、ほかの人にしてあげる場合は1日1時間までにしないと生命力が減って疲れてしまいます。

ただ、誰でも40分合掌行をすれば悪いところがわかるようになるかといえば、そうではないようです。大方は手当ができるようにはなりますが、悪いところがわかるようにはなりません。

西勝造先生や甲田光雄先生や私の場合は、もともとあった隠れた天授の才能が40分合掌行によって、封印がとかれ出てきたものだと思います。

この手当を応用した診察法は、生命力を利用して行うので疲れるのが難点です。数秒でわかりますし、未病の段階でもわかります。患者さんにはまったく害がありません。むしろ癒されるので気持ちがいいです。

甲田先生は84歳でお亡くなりになる直前まで、手で診察されていたので、命を削って患者さんのために尽くされていたと思います。

甲田先生のご診察は希望者も多く、全国から難病の患者さんが来られていましたが、電話の予約ですぐに埋まってしまってなかなか受診することができませんでした。でも、群馬の西本《にしもと》多美江《たみえ》（※３）先生や座禅断食の野口法蔵《のぐちほうぞう》上人（※４）が連れてこられた方は、その枠外で診てくださっていました。

西本先生は保健師さんで、甲田先生の診察後、群馬に帰ってからも患者さんを見守り、ちゃんと甲田先生が処方された食事療法や体操、各種療法が守れるように指導されたり援助したりしてくださっていたからです。

野口法蔵上人は、座禅断食を指導されておられるお坊さんです。甲田先生を大変尊敬されていました。親しい方が病気になられたら甲田先生をご紹介されていました。

甲田先生が不思議な診察をされることや、ご自分の生命力を削って超能力で診察されていたのをよくご存じだったので、「紹介するけど、本当にやるんだろうね」と詰め寄って、絶対やると約束した方だけを紹介しておられました。

「癒しの手」になれる40分合掌行

手当とは、患部に手を当てることです。どんな手でも当てればいいというものではありません。その手から気が出て、癒しのパワーが出ていることが重要です。

その癒しの手になる一生に一回の修行が、40分合掌行です。

そのやり方を簡単に説明します。40分間は動けませんのでなるべく空腹時に、トイレを済ませて、靴下、タイツ、ストッキングなどを脱いで、足を素足にして、正座または椅子に座って、両足を重ねるようにします。

手は合掌して、指も手のひらもぴったりくっつけるようにします。手は頭の高さより上にして、重くなって手が落ちてきても、肘が肩の高さより落ちてはいけません。

手が重くなったら、頭の上に置いても大丈夫です。

毛管運動（267ページ参照）を1～2分して準備をしてから始めましょう。

40分合掌行は手の爪廓《そうかく》（爪の周囲の皮膚）と手のひらの毛細血管の捻転《ねんてん》を整え、血液循環を完全にすると同時に体内の新陳代謝作用と整体機能全般の平衡を招いて癒しの手にしていきます。

40分合掌行中は潜在意識が開かれるので、般若心経や祝詞《のりと》、主の祈り、世界の平和の祈りなど、聖なる言葉を唱えるといいです。

とにかく悪いことを思わないように気をつけて行いましょう。

40分が終わってすぐに手を下ろしてしまうと、後で肩が痛くなるので、下げる前に、ゆっくり手を離したら、肩を回して、手の毛管運動をして肩がほぐれてから下ろしましょう。

手当をするときには、手の毛管運動を10秒くらいしてから、患部に手を当てます。終わりにしようと思ったら、手についた水を払うように、下に2、3回手を振ると気は出なくなり止まります。

ヒーリングは自分自身にするときは、1日何時間してもかまいませんが、他の人にしてあげるときには、1日1時間までにしておきましょう。疲れてしまいます。

大変な病人の治療をしてあげたい場合は、例えば1日10時間したい場合は、10人の人が1時間ずつ交代して手当をすることになります。

40分合掌行は一生に1回の修行ですけれども、2回したらもっと強くなるかもしれません。5回くらいしたらもっと強くなると思います。

でも、それ以上しても変わらないと思います。

私は最初の1回で、甲田先生と同じぐらい気が出ましたが、もっと強くならないかと1000回以上してみました。鍼灸学校の学生時代に毎日やっていました。時間に余裕があったのと、プロの治療家になるので手をよくしておこうと思ったからです。

癒しの手になったら、その手でおむすびをにぎったりすると、おいしくなります。食中毒にもかかりにくいと言われています。

麻の威力

この40分合掌行を行うときに、より高いところとつながれるように、自身の周波数を上げるために、また、まがまがしき、よこしまな者たちを寄せ付けないために、精麻《せいま》を身に着けているといいです。

私はいつも、一生に一度の修行を導くときに、身に着けています。

初めて麻の繊維を見たのは、船井フォーラムだったでしょうか。それから、はせくらみゆきさんと一緒に東大阪市の枚岡《ひらおか》神社で巫女研修を受けたとき、みゆきさんの髪に麻が結ばれていたのが印象的でした。

それで、私も40分合掌行のときに麻を髪につけていると、頭が涼しくスースーして「なんか違うな、麻ってすごいかも」と思いました。

それから、麻を髪に巻いて本にサインをしたときのことです。筆ペンの先から、書いた文字から、白くて光るツブツブが無数に飛び出していくのが見えて、「これが私の書いた字から出る温かい気の正体だったのね」とわかりました。

そして、麻を巻いたことで、目の周波数が、次元が変わったのだと思いました。

神事に麻が使われるはずだなと納得いたしました。

7つのチャクラがすべて開いた経験

チャクラは人の正中線上に並ぶ、エネルギーの出入り口です。第1から第7までのチャクラがあります（27ページ参照）。

私は、7つのチャクラがいわゆる「開いた」経験があります。

きっかけは、甲田先生が亡くなられて、鍼の師匠の塩見哲生先生に、東京のスピリチュアル気功の「佐藤眞志《さとうただし》（※5）先生の気功を受けてきなさい」と勧められて伺ったことです。「佐藤先生の気功を受けて幽体離脱をした人が300人くらいいるそうだから、行ってみなさい」と言われました。

佐藤先生の気功は1対1で、お腹に手を当ててくださったりして、1時間くらい受けるものでした。

予約をして初めて受けたところ、幽体離脱はしませんでしたが、額に500円玉くらいの穴が開いたようになって、風が吹き荒れて、額から後頭部までトンネルが貫通したように思いました。

思わず額を指で押してみましたが、もちろん穴は開いていませんでした。しかし、頭の頭頂にも500円玉くらいの穴が開いたように感じて、風が頭に吹き荒れるようでした。

そのときから、心があまり動かなくなりました。怒るとか、悲しむとか怖いとかを感じなくなって、嬉しい気持ちも少しになりました。

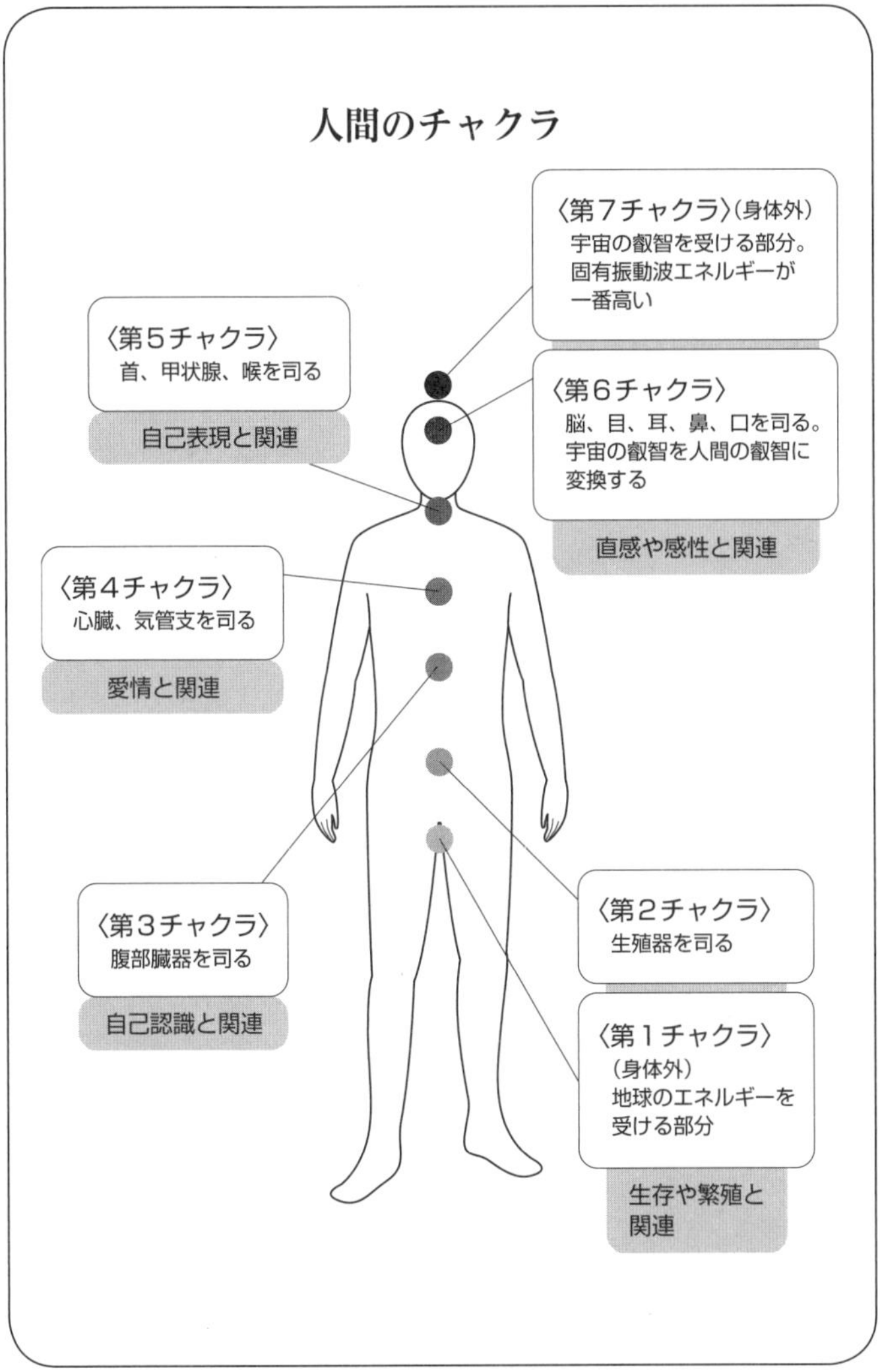
人間のチャクラ
〈第7チャクラ〉(身体外)
宇宙の叡智を受ける部分。
固有振動波エネルギーが
一番高い
〈第6チャクラ〉
脳、目、耳、鼻、口を司る。
宇宙の叡智を人間の叡智に
変換する
直感や感性と関連
〈第5チャクラ〉
首、甲状腺、喉を司る
自己表現と関連
〈第4チャクラ〉
心臓、気管支を司る
愛情と関連
〈第3チャクラ〉
腹部臓器を司る
自己認識と関連
〈第2チャクラ〉
生殖器を司る
〈第1チャクラ〉
(身体外)
地球のエネルギーを
受ける部分
生存や繁殖と
関連

全知全能の神様がいつも隣にいて助けてくれるという安心感があって、たとえ私の乗った飛行機が落ちても、自分は助かると思えるようになっていました。

絶対的な安心感が出てきました。心は静かな湖の湖面のように動かないようでした。

それから少しして、佐藤先生の気功を2、3回受けて、7つのチャクラがすべて開きました。


ヨガの世界などで「チャクラを開く」などと使われていますが、実はチャクラは閉っていたものが開くということではなく、ゆるやかに回転していたものが高速回転に変わり、エネルギーがトルネードになって肉体ボディーの中に穴が開いたように感じて、風穴が通ったように感じるのです。

生きものは、何でもオーラ（霊的な波動）を発しています。オーラはチャクラが作っています。ですから、みな少しはチャクラが働いているのです。

私がこんな体験をしたので、他の人もチャクラを開きたいと思われるかもしれませんが、私のようにすべてのチャクラが開く人は珍しいと思います。

ボストンでスピリチュアル気功を体験する

気功家の佐藤眞志先生のところに通っていたころに、桑原浩榮《くわはらこうえい》先生がボストンに住んで、鍼灸大学の先生をしていました。桑原先生は、私の鍼灸のお師匠様の塩見先生の弟子で、私とは兄弟弟子という関係です。

アメリカではハイスクールを卒業すると、医療の道に進みたい学生は、メディカルスクールに行って医学の基礎を学び、そこから西洋医学の医者や東洋医学の鍼灸師へとそれぞれの大学に分かれるシステムのようです。桑原先生はその鍼灸大学の先生をして、自分でも鍼灸院を開業しておられます。

私が不食をしていて、西式健康法をしているので、桑原先生は私にアメリカのボストンに来て、自分の周りの人に講演、セミナーをしてほしいと頼まれました。

そこで佐藤先生に「もうすぐボストンの知人に呼ばれて、セミナーをしに行きます」と世間話をしたところ、「私も一緒に行きたい」ということになったのです。

桑原先生に、「日本の気功の先生で、３００人くらい幽体離脱をさせたり、私のチャクラを開いてくださった先生が一緒に行きたい、スピリチュアル気功をアメリカの人にも広めたいとおっしゃっている」と相談すると、ＯＫということになり、一緒にボストンに行くことになりました。

ボストンに行ったときは、断食の話や40分合掌行、さまざまな湿布法、西式健康体操などを教えました。佐藤先生は英語のスライドを用意して英語で説明されていましたが、気功のときは、日本語の「熱い、冷たい、おこぼれ頂戴いたします。浄化、再生」を言ってくださいと言って、接触せず、遠隔で部屋中の人を一斉に誘導していました。

私は1対1で接触して治療を受けていたので、すごいなあと感心していました。言語の壁もないようでした。

そののち、私は、自分の鍼灸院で1分くらいスピリチュアル気功を患者さんの治療に挟むことにしました。おなかに手を当てて、患者さんに「熱い、冷たい、おこぼれ頂戴いたします。浄化、再生」と言っていただきました。すると足が温かくなったり、おなかが温かくなったり、足の裏に気の重心が来る人もいて、効いているようでした。

なかには、もともと霊感があって、「一瞬、天井に上がって幽体離脱した」という方もおられました。「夢を見ている感じで、草原に佇《たたず》んだ」とか「桜の満開の山に行って鹿が見えた」とかいろいろ教えてくれる方もいました。「ピンクや紫の光の玉」を見る人もおられました。

あるとき、マスター・ヒーラーの小林《こばやし》健《けん》先生と一緒に講演会をすることがあって、小林先生が、「会場中の人を一斉に癒したい」、そして私に「やってみて」ということになって、佐藤先生の真似をしてみました。すると会場にエネルギーが満ちて暖かくなったので、遠隔治療ができるようになったことがわかりました。

動物霊や邪霊から離れるにはどうしたらいい？

審神者《さにわ》は、古代の神道の祭祀において「神託を受け、神意を解釈する者」と言われています。古代の日本には巫女《みこ》、シャーマン、霊感体質の人が、神がかった場合、その憑《つ》いたものが、どんな霊的な段階のものかを判断する役割の神職がいたようです。

霊能者が不思議なことを言ったり、書いたりしたときに、この人に憑いているのは、釈迦、キリスト、高天原の神々と同じような尊い高級霊や神なのか、それとも低級霊、動物霊、邪霊、悪霊なのかを判断し、良い神様の言葉は残し大切に扱い、邪霊が憑いている場合は祓うことができた人です。

優れた霊能者と審神者はセットになっていないと認められなかったのです。審神者は憑かれる霊能者よりも優れた霊能者でなければ、判断はできないと思います。

古代日本は、山にも、水にも樹にも太陽にも神を感じて、目に見えないもの、神気を感じることができたのでしょう。しかし、ちょっと不思議なことを聞いても簡単には信じないで、その人が心の病気で幻聴が起こっているのか、邪霊が憑いているのか、もしくは正しい善なる神様が憑いているか、審神者の太鼓判があって初めて信じるようにしていて、霊能者に対して洗練された対応をしていたようです。

つまり、人を治療したり、神の言葉をしゃべったり不思議なことが起こったりしても、その人の言うことを鵜呑《うの》みにしなかったようです。

幽霊やお化けなど迷える霊が見えたり、被害にあうのは、あまり上等な霊能者とは言えません。霊能者の波動に合った霊が寄ってきますので、その人の魂の波動を高級な神々に合わせていくことが、本当の除霊でしょう。

お祓いをしていただいても、その人が同じ波動ならば別の邪霊や幽霊がすぐにちょっかいをかけてきます。その人が愛と慈悲の波動をもって光り輝く存在ならば、邪霊は眩《まぶ》しくてその人に寄っていくことはできません。その人の霊格を上げて、霊覚者を目指していかないといけません。

どうしたらいいかというと、少食、菜食、世界平和のお祈り、感謝のお祈り、瞑想がよいと思います。

万物を作った創造の神は、人や動物を自分の子供のように思っています。その子供同士が仲良くして、愛し合って、助け合ってほしいと思うのは人の親の気持ちと同じです。ですから、みんな仲良くなりますように、平和でありますようにという大きな愛の祈りを捧げていると、創造の光の神々が、自分と同じ波動なので寄ってきてくれるのです。

すると邪霊は眩しくて近寄れなくなります。

いつも神様に感謝している人のそばに神様はいてくださいます。

少食や菜食をすることは、愛と慈悲の具体的な行動です。

なるべく動植物を殺生しないで生きることは、愛の行動になります。

動物霊などはおなかがすいているので、いっぱい食べる人が大好きです。甘いものや、ジャンクフードを取りつかれたように食べて中毒になっている人は、動物霊さんがいるのかもしれません。

彼らにいなくなってもらうには、食を改めるようにしましょう。

そうすると、この人はおいしいものを食べてくれないので、つまらないなあと去っていってくれます。

子だぬきの霊にとりつかれた女性

私の霊的なお師匠様に俣野《またの》四郎《しろう》先生がおられました。俣野先生は、甲田先生より10歳以上お歳が上の先生で、阪大医学部を卒業されたお医者様ですが、医学部の学生のころから瞑想をしていて、神様の声を聞いたり、霊動現象を起こされておられました。

大人しい静かな先生なのですが、手が勝手に動いて患者さんの悪いところに吸い付くように行って、揉んでいるうちに、患者さんはナイフで刺されるような痛みを感じますが、体がすっきりします。

一見、あんまのように肉体の老廃物をほぐしているようですが、実は幽界の邪を祓っているのです。

保野先生は、手をどこに動かそうとか考えていないそうです。それから、先生の口からなにか不思議なリズムで「はい、はい、はい……」と声が出てきます。

そんな保野先生の施術を私も受けていたら、私も手が勝手に動いて、他の人の体を揉み始めて、悪いところはどこかなと探ることもなく、リズムに乗って手を動かす治療ができるようになっていきました。

保野先生のお家に甲田医院で知り合ったアトピー性皮膚炎の女性と一緒に行ったときに、保野先生がその女性を揉みだしたら、「うー」ともだえ苦しみ始めました。

保野「これは、子だぬきだな。こら、この子に憑いてたらだめでしょう」

するとと、子だぬきの霊は（実際は女性がしゃべっている）、

女性「甘いお菓子を食べてくれるから、憑いてたけど、最近、甲田療法をしているので、あまり食べなくなってつまらない」

保野「この子はアトピー性皮膚炎だから、そそのかしたらだめでしょう。昇天しなさい」

女性「はい。はい、はい……」

子だぬきの霊は俣野先生の声に促されるように去っていきました。

俣野先生は大祓いの祝詞を唱えると、人相も声も変わって神様が乗り移ったようになって、５００人くらいの会場を一斉にサーッと清めたりできました。

俣野先生の家の最寄りの駅に降りただけで、俣野先生の波動を感じられたほどです。

「この世は目に〝見えない世界〟と〝見える世界〟が混じって存在している。〝ケガレ〟というのは、この世的に見ると汚い。だけど、本当は気が少ない、枯れているところが、汚れているところだ」

とおっしゃっていました。また、

「医者といったら頭が良くて、患者さんがいっぱい来るし、成功しているから偉いように見えるけど、そんなことはないのはわかるね。中には報酬やお金のことを考えないで患者さんの世話をずっとしている立派な人もいる。でも表面だけではわからないもので、この世的には立派に見える人が前世で悪いことをして、罪滅ぼしに病人の世話をしているのかもしれないんだよ」などいろいろと教えてくださいました。

私が自動書記を始めた最初のころ、手がムズムズして、鉛筆を持って紙に曲線を書いていたら、それをご覧になって、「手を貸してごらん」と、私の手を揉んでくださいました。

そして、「さあ、書いてごらん」とおっしゃったら、今まで曲線だったものが、ひらがなが出てきて、さらに、神様が言っているようなことを書きだしたので驚きました。私は何も考えてないのに、手が動くと思いました。

保野先生は、ひよっこの霊能者の私に、「内容については、あまり考えないで、手を動かす練習だと思っていればいい。続けなさい」とおっしゃいました。

保野先生は、審神者ができるので、私の自動書記の神様はこのまま私の中に置いておいてよしと判断してくださったようです。私が書いている自動書記ですが、うまく出るようにしてくださったのは、保野先生です。

私の自動書記について甲田先生に申し上げると、「書いてみなさい」とおっしゃって、それをご覧になった甲田先生は、「高級な神様がいるようだから、置いておきなさい」とおっしゃいました。

甲田先生もいい霊か悪い霊かがよくわかる、審神者ができる方でした。

自動書記をしているときの脳波を測ってみると……

甲田先生は私の自動書記のことをお友達のサンスター研究員の方におっしゃって、自動書記をしている最中に、脳波をとってみようということになりました。

サンスターの中央研究所に行って、α《アルファ》波測定用の機械で、ハチマキのようなものをつけて測定しました。

安静にして目をつぶって測定すると、最初はミッドα波がとても高い割合で出ました。次に自動書記をしながら測定すると、θ《シータ》波が出てきました。鉛筆を握って字を書いているのに、まるで眠っているかのような脳波です。起きているときにθ波が出るのは、超能力がある人の超能力発現中にあるようです。

次に、宮司の花谷幸比古先生のところに行って見ていただきました。花谷先生の前で自動書記をしたところ、「いい神様みたいだから置いておこう。てっきり変なのが憑いているのかと思った」とおっしゃられました。「なんか憑いてたら、取ってやらないといけないからな」ともおっしゃいました。

次に、鍼灸のお師匠様の塩見先生のところへ行って、見ていただきました。「目の前で書いてみなさい」とおっしゃって、書いてみると、「いい神様がいるようだから、そのままにしておきなさい」とおっしゃられました。先生は全盲ですが、霊感があるようで、気配でわかるらしいのです。

私の自動書記が始まったときに、審神者のできる４人の先生が身近におられて、いいように導いてくださいました。霊界の計画というか、お計らいに感謝しないではいられません。

この自動書記を使って、最近、龍体文字の使い方の解読を行うことになりました。

自動書記を始めたころは、自分でもなんのために自動書記を始めたのかわからなかったのですが、何十年もたってから龍体文字に出合って、自動書記の神様がとても素晴らしいことを教えてくださって、長い時間をかけて、計画してくださっていたんだなと思います。

甲田先生が書こうとしていた「霊性も高まる健康法」の内容

ところで甲田先生はお亡くなりになる3か月くらい前に、「霊性も高まる健康法」という本を書こうとなさっていらっしゃいました。そして、私たち弟子にも構成案を教えてくださいました。その内容は、おおよそ次のようなものでした。

1．若いころ断食の研究に熱中したことについて

若いころ、大食いと甘い物が好きで体質が悪化し、虫歯や皮下出血、冷え性に悩まされ、さらに大病をよくしていたこと、こうした生活習慣病を薬と注射で治そうとしてもうまくいかず、現代医学ではどうしようもないということで、断食療法で活路を見出し、西式健康法に入門、さらには西式健康法の断食療法でさまざまな難病が治ることがわかり、断食医院を開設、宿便が万病の元であることを発見したことなどを解説。

ただし、断食療法は万病根治、体質改善への効果抜群である一方で、危険な面があ

るため、科学的断食法を研究すべきということ、さらに断食にかわって「少食」も効果的であることなどを説く。

2．西式健康法のすばらしさと重要性について

人類は直立歩行するようになってから、多くの病気を抱えるようになった。直立歩行は下肢の血液循環が悪くなり、万病の元となっている。冷え症もそのひとつだ。さらに、衣類で体を覆うことで皮膚機能が衰えるようになった。

加えて、現代では大量の添加物を加えたり、人工的につくられた食品など、命のある食物が少なくなり、こうした不自然な食べ物で病人が増えていることを解説。

3．健康の原点となる少食

少食になることで宿便も出て難病も治り、また病にならない体となる。ただし、少食になるほど、その質が重要。また、一般に「朝食抜きは健康に悪い」と言われているが、実際には午前中の断食により老廃物の排泄機能がよくなる。

少食とは愛と慈悲の行為であり、愛と慈悲を実行するものに天はすこやかに老いる

という幸せを与えてくれる。また、少食の実行で、世界の環境問題や食糧問題にも道筋が見えてくる。

4. しかし、少食を実行しても失敗する人が多い

5. 少食が失敗する最大の原因は「業想念《ごうそうねん》」

少食がうまくいかない要因となっている「貪欲《どんよく》、瞋《いか》り、愚痴《ぐち》」という3つの業想念について解説。

6. 業想念を浄化するにはどうすればいいか

人間は「神の子」「神の分け御霊」であり、同時に「罪根深重の凡夫」でもある。業想念を浄化することは、自力では極めて困難であり、他力を活用することで成功する例が多くある。

とくに、五井昌久先生が提唱された「世界平和のお祈り」は、心の宿便である業想念が清まり、少食を正しく実行できるようになるという、絶大な効果がある。

世界中の人々がこのお祈りを実行すれば、霊性で光り輝く愛の星・地球が誕生する。

甲田先生の主治医ならぬ主治鍼灸師手当係になる

甲田先生は亡くなる数か月前まで、診察をされたり、執筆されたり直前まで活動されていました。それでも、80歳前後になると喉が痛くなったり、転んで腰を痛めたりされていて、そういうときに私が呼ばれて、治療させていただいていました。

甲田医院の患者さんが入院中に、熱を出したり、瞑眩《めんげん》（好転反応）でおなかが痛くなったりすると、患者さん同士が手当をしたりするので、私もよく呼ばれて手当をさせていただきました。

普通は、断食中、鍼《はり》をするのは、嫌がる鍼灸師さんがいます。それは、鍼をすると脳貧血が起こったり、めまいがしたり、眠くなったり、熱が出る、おなかが痛くなるなどの反応が出やすいからです。

断食中は気の流れが速く、鍼を刺すと気が一気に抜けて、そういった症状が出やすいのです。

断食をしていなくても、霊能者の方々は経絡《けいらく》人間（穴《ツボ》に鍼灸や按摩《あんま》の施術を受けると、少し気が入っただけでも、大きな反応が出るとても敏感な体質の人）で気が抜けやすいので、鍼の治療をしてえらい目にあったという苦い経験をしている人が多いと思います。深く鍼を刺したり、痛いと感じたり、血が出るなど強い治療をすると、患者さんの身体から気が抜けてしまいます。

私の鍼は、刺さないので、気が抜けたりせずに逆に気が入ってくるので、急速に、5秒くらいでよくなったりするので喜ばれました。

お師匠様の塩見先生から教わった経絡治療で、流派としても鍼を深く刺さないで治療します。私の鍼は接触するくらいで、まったく痛みを感じないくらいです。

ですから、鍼をされたことに気がつかない人も多いのです。

ということから、鍼で苦い経験を重ねていた、霊能者で経絡人間だった甲田先生も安心して私に身を任せてくださっていました。

私のところには、なぜか霊能者の方々がたくさん来られて治療を受けてくださいます。「霊能者御用達」とか「霊能者専門」などとうたっているわけではありませんが。

鍼は断食中の胃腸をサポートしてくれる

鍼について少し説明します。私は塩見先生から、断食中の患者さんがおなかが痛くなったり、胃腸の症状が出る原因について教えていただきました。

断食中は胃腸に消化吸収するためのエネルギーが必要ないので、その気、生命力は病気の治療に回って病気はよくなるけど、もともと胃腸が丈夫でない人は、胃が痛くなったり、腸が痛くなったりして余計に症状が出てしまう。

気持ち悪くなったり、痛くなったら、消化器系に気をだーっと一気に流して補うような鍼をすると、断食も続けられるし、胃腸も強く活発になって、倦怠感《けんたい》もなく楽に断食をサポートできるそうです。

塩見先生ご自身も断食中に自分で鍼を刺されたり、患者さんに断食のご指導をされて、その最中に鍼の治療をしてサポートされていた経験がおありでした。

それを教えていただいたとき、これは甲田先生の患者さんにしてあげたら、喜ばれるなあと思いました。

断食中は、食べないので、消化吸収にかかるエネルギーがいりません。それを、他のところに回すことができます。

それで、病気が治りやすくなるのです。

それに、脂肪組織などにある老廃物が、断食中に自己融解されて、体のあちこちから、断食疹、宿便、おりもの、尿、鼻水、耳垂れ、体臭、などになって出てきます。デトックスモードに入るわけで、これで病気が治っていきます。

しかし、胃腸の弱い人は、胃が痛くなったり、気持ち悪くなったりして続けられなくなることも多いのです。断食すると宿便が出るので、胃腸の働きがよくなると思われがちですが、人によっては便秘になって苦しくなりますので、緩下剤のスイマグ（202ページ参照）を飲んで早く排便をするようにしなければいけない人もいます。

経絡人間と言えば、私も経絡人間で、鍼をすると気が抜けて歩けなくなるので、鍼灸学校の1年生くらいのときお互いに鍼を打ち合う実習のときに倒れて、大変でした。

しかし、その私も塩見先生の鍼は大丈夫だったことから、接触するくらいの鍼ならば、大変万人向きでよく効きます。

鍼を受けながら1週間断食した男性の例

あるとき、慢性疲労症候群で5年間も職場を休んでいる公務員の方がおられて、甲田先生のご存命のときからご指導を受けていましたが、大変胃腸が弱くて、断食を1日半くらいするとすぐに胃がむかついたり、痛くなったりして、断食を中断していました。

甲田先生は「1週間断食ができたら、すっかりよくなるのに」と言っていたようです。

それで、私のところに来てお話をしているうちに、「では、ホテルでも取って大阪に連泊して、毎日鍼を受けながら断食したら1週間でできると思いますけど、やってみますか？」と申し上げると、「やってみる」とおっしゃったので、毎日鍼をしながら断食をしていただきました。

すると、いつもはおなかが痛くなるのに、2日たっても大丈夫で、1週間断食して満願成就して、宿便もたくさん出たそうです。それで、慎重に回復食を行って、症状もよくなったので社会復帰できるようになりました。

断食のときの鍼の治療は、脾《ひ》（消化器系）が虚《きょ》（気が少ない）しているかななどと予想しながら脈診《みゃくしん》していきますが、そうでないこともありますし、その気を入れる量（ドーゼ）も多すぎても少なすぎてもいけないので、ツボが満タンになって気があふれる感じがあれば止めますし、頭痛がひどいなどのときは、胃かな、胆《たん》かなと探りつつ、邪気を抜くようにします。

しかし、正気までも抜かないように、邪気だけを抜くように、鍼を抜いてからも、邪気が少し抜け、たまらないように、脈を診ながらしていきます。

その匙《さじ》加減や刺すところを決めるのは脈診なので、脈診が正確にできないと難しいかもしれません。

鍼灸を学ぶには「脈診20年」などと言われるので難しそうですが、悪い脈はこうで、鍼をするとこうよくなると、使用前、使用後を3秒くらいで見せてあげるとわかるので、よく脈が動かせる上手な先生に教われば、そんなに時間がかからないでわかるようになります。

私の鍼灸の弟子は、脈を診ることは上手なのでできると思います。

脈診をして何を診るかといえば、どこの経絡に気が充実しているか、もしくは足りないか、あるいは邪気がどこの経絡にあるかということです。それで、足りないところには気を鍼で足して、邪気を見つければ、それを抜くようにします。

これは、中国の医学の古典の『黄帝内経《こうていだいきょう》（素問《そもん》・霊枢《れいすう》）』が書かれたころからの考え方です。

今はそんなことを考えないで治療している鍼灸師さんもたくさんおられます。どちらかというと、脈診をするのは少ないほうかと思います。

甲田先生の最後のとき

甲田先生の最後のときは、私は毎日3回から5回、甲田先生のそばに行って鍼の治療をしたり手当をしました。断食をしていたので、エネルギーを与えるような治療をしました。甲田先生は「次はいつ来れるか」といつも聞いてくださいました。

甲田先生のお家は、奥様もお医者さんで、息子さんもお嬢さんもお医者さんで、近所のお友達もお医者様でしたから、皆さんが見守っておられました。

私が部屋に入ると、「雰囲気が変わる」といって喜ばれていました。私の周りのエンジェルが甲田先生の周りに一杯になるのが楽しかったのでしょう。

甲田先生が亡くなる2週間ぐらい前に脈診したら、死脈が現れてきました。これを見るともう後戻りができないと思いました。死脈は治療すると消える場合もありますが、先生の場合、亡くなるんだと思いました。

甲田先生には何も申し上げませんでしたが、奥様にはお伝えいたしました。亡くなる3日前には額が黒っぽくなりました。死相みたいです。

甲田先生は「死相が出たでしょう」とおっしゃいました。私は額が黒っぽく、オーラが小さくなったけど、「そうですね」とは言えなくて、ただ首を横に振るだけでした。

心の中で「甲田先生も酷なことを聞くなあ、出ていますねなんて言えるわけないじゃない」と思いました。

甲田先生は「いい勉強になるから覚えておきなさい」とおっしゃいました。

そして亡くなる前日に、「今日は帰らないで、隣の部屋に泊まりなさい」とおっしゃって、「ブザーを押したら来てね」とおっしゃるので、泊まらせていただきました。

夜の11時ごろブザーが鳴ったので先生の部屋に行くと、別に何もしてもらいたいことがないみたいでした。それから深夜3時ごろ奥様が、「来て」とお呼びになったので伺うと、お亡くなりになっておられました。

亡くなる前は、苦しそうなお顔だったのに、すごい笑顔で、素敵な神様たちがお迎えに来たのかなと思いました。さすが先生だなと思いました。

甲田先生の魂はいつも私の背中にいる

甲田先生が亡くなって、家に帰って泣いていると背中が熱くなりました。

泣き止むと少し温かさが変わって、背中に誰かがくっついているようです。

次の日、治療があったので鍼灸院で患者さんの治療をしていると、お坊さんが「断食を1週間してきた」というではありませんか。その方のお顔が白く光って見えました。

すると私の口から「いい修行をされましたな」とお爺さんみたいな言葉が出て、思わず口を押さえました。「甲田先生がしゃべったのかしら？」と思いました。

背中が温かいのは薄れていきましたが、霊的に敏感な花谷先生にお会いしたら「背中に甲田先生がおるな」とおっしゃられて、塩見先生にお会いしたときも「背中に甲田先生がいるみたい」とおっしゃっていただきました。

私は甲田先生はまっすぐ天界に行かれて、神様になると思っていたのに、まさか、迷っているのでは、お祓いしたほうがいいのかしら、どうしたものかと思っていました。邪霊が憑いていたら、具合が悪くなりそうですが、私はパワーアップして元気だったのです。

あるとき、五井先生の会員さんが、霊感の強いある先生にお手紙を書いてみたらとおっしゃったので、手紙を書いてご相談してみました。するとすぐにお返事が来て、「甲田先生は亡くなるとすぐに天界に行かれて、またすぐ戻ってこられ、守護霊様になっておられるので、何も心配はいらない」と教えていただきました。

よかった。お祓いもしなくていいし、ずっと一緒に守ってくれるなんて、ありがたいことです。この世的に姿を見たり声を聞いたりできないのはとっても寂しいけど、甲田先生の魂はそばにいる、私の背中にいるとわかりました。

甲田先生が小林健先生のところへ現れる

甲田先生が亡くなってから数年したころ、小林健先生から「お会いしたい」とＦＡＸがきました。それで大阪の近鉄八尾駅の近くにお越しいただいて、お話ししました。

小林健先生は普段はニューヨークにいますが、年に2回ほど日本に来られています。自然療法医師で、日本人のお母様と、ロシア系ユダヤ人のお父様の間に生まれたハーフですが日本で生まれ、35歳くらいまで日本で暮らしていて、それからアメリカに渡られました。

小林先生は5回亡くなって、5回も生き返ったといい、臨死体験もされています。最初は、10歳のころに35日間断食されたそうです。

3歳のころからヒーラーだったので「リトルブッダ」と呼ばれていましたが、10歳になってから悪い子になったといいます。

そのときに、お父さんから「断食するしかない」と言われて、森の中でひとりで断食を始めたそうです。

森に入る前にお別れの会までしたので、死ぬかもしれない断食だったようです。

穴の中で30日くらいすると、そばにあった松葉をかじって空腹をまぎらわせたといいます。35日目になったら、飼い犬のリリーに「お母さんを呼んできて」とテレパシーで言い、飼い犬リリーがお母さんを連れてきて、穴から脱出してくれたそうです。

それから入院して、小学校に行けるようになったら、教壇に立っている女性の先生がお尻をかいているといったことを透視してがっかりしたり、お友達が嘘を言っているのがわかってしまって、その超能力がつらくなったといいます。

お父さんに相談したら、「お肉を食べなさい」と言われて、食べたら霊的な力が薄らいだそうです。

そんな話をしていたらあっという間に時間が過ぎて、お別れのときになりました。「森先生のオーラは天井を突き抜けてるね」「甲田先生がそばにいるね」とおっしゃってくださいました。

小林健先生も臨死体験をして生き返るときに、神様から「地球を一つにしてください」「地球が汚れているからきれいになるようにしてください」とお願いされたそうです。神様はいつも、臨死体験で生き返る人にお願いされるんですね。

それが、この世をよくしようとして、何人もの臨死体験者がいる理由なんでしょうか。

お別れのときに、アメリカ式のお別れをしてくださいというので、ハグをしてお別れしました。


すると、その晩、小林健先生のところに、白衣の甲田先生が現れたそうです。

生前、小林健先生と甲田先生はお会いしたことがなかったのですが、甲田先生が自己紹介しながら現れたのでわかったそうです。そして、その晩は、少食が世界を救う話などを延々として、すっかり意気投合してしまったそうです。

小林健先生は5回も死んで5回も生き返ったので、霊界の人ともこの世で生きている人と話すように、スムーズにお話ができるので、甲田先生は良い人を見つけたとばかりにたびたび現れるそうです。

甲田先生が現れるときは、夜中の2時ごろで、ガーンと耳鳴りがして、「こんばんは甲田です」と現れるそうです。

先述のとおり小林健先生は年に2回くらい日本に来られるので、甲田先生は日本に行ったら、「姫（私のことです）に伝えてほしい」「ここを治療してほしい」とかお願いするそうです。

「霊界の人は私心がないので、断れなくて、言うことを聞かないといけないんだ」と小林健先生はおっしゃっています。

それでも小林健先生もお忙しいので、「それを直接姫に言ったら」と言うと甲田先生は「ずっと言っているけど、姫は全然聞いてくれない」と言われたそうです。私はまだ一回も死んでいないので、甲田先生が生きていたときのように会話はできません。


あるとき甲田先生が、小林健先生に、「私が生きていたときにしていたように、断食道場を開いてほしい」とおっしゃったそうです。でも、小林健先生はニューヨークにいるし、お仕事もあってできないので、「森先生、やってよ」と私に言われました。

といっても鍼灸もあるし、大阪の八尾ではできそうもなかったので、田舎で道場ができるような場所を探してみました。それが、現在の三重県にある「断食リトリート　あわあわ」の始まりです。

※１　西勝造　西式健康法の創始者。１８８４年神奈川県高座郡生まれ。16歳のとき、医者から「20歳まで生きられない」と言われ、さまざまな健康法を実行し、健康を取り戻す。１９０４年西洋医学の逆をゆく健康法をあみだす。コロンビア大学でトンネル工学や橋梁工学を学ぶ。１９２７年「医学の革命」として、独特の医学を体系化し公表、西式健康法として知られた。

主な著書に『西式健康法』『皮膚病に就いて』『自然生活』『朝食害毒論』『最新人体神経分布詳解図』『静的観察を主とせる姿勢欠陥の観測と処置』『健康の科学と普勧坐禅儀』『動的姿勢の研究とスポーツ』『朝食有害論』『皇洋医学原典』『西医学健康法　新時代の科学的生活法』『病気に罹らぬ病気の治る健康法』『健康読本』『健康生活大全』『原本西式健康読本』『西式強健術と触手療法』などがある

※２　花谷幸比古　１９５０年大阪市生まれ。皇學館大學文学部国史学科卒業。明治維新まで花谷家が代々白川伯王家の門人の流れを汲む神職家であることから、白川神道の作法、行法を研究。また中国で中国医学・中国哲学風水学を学ぶ。鶴見神社宮司、梅家神社宮司、鶴見鍼灸接骨院院長。

主な著書に『古神道の気』『「龍」の大予言』などがある。

※３　西本多美江　１９２５年生まれ。１９４３年群馬県東村保健婦。１９８１年退職。１９８２年

群馬県高会館主宰。

著書に『精神分裂病患者の看護』（共著）『精神医療の実際』（共著）『ほんとに保健婦』などがある。

※4　野口法蔵　1959年石川県七尾市生まれ。1980年千代田工科芸術学院写真家卒業。1982年新聞社退社後、ソ連・中国・インドを取材。1983年ラダックにて得度。1986年インド国立タゴール大学に滞在。ダライラマより寺名禅処院寄与。1987年帰国。新潟県阿賀町に20年間住む。2007年長野県松本市に移転。臨済宗妙心寺派僧。

主な著書に『蓮華の国々』『バカボンの詩』『これでいいのだ』『童話集ホーミタクヤセン』『坐禅断食』『チベット最後の秘境「ラダック」』『心の訓練「死を想え」』『ブッダの判例集』『人間の頂』などがある。

※5　佐藤眞志　1949年山形県生まれ。1972年東海大学短期大学電気通信工学科卒業。1991年「佐藤気功センター」「意識科学研究所」設立。1992～94年電気通信大学、東北学院大学、日本医科大学、ソニー等と「対外離脱」に関する共同研究（人体科学会の学会誌に原著論文として掲載）。2000年東北大学院大学、東京工業大学、日本医科大学等と「遠隔気功」に関する共同研究

（国際生命情報科学会の学会誌に研究論文として掲載）。２００６年立教大学、専修大学と「対面式外気功がスピリチュアルな価値観に及ぼす影響について」の共同研究（立教大学コミュニティ福祉学部紀要第８号に研究論文として掲載）。週刊ポスト、毎日新聞、『遠隔気功の驚異』（池田弘志著小学館文庫）等でスピリチュアル気功が紹介される。

著書に『幸運を呼び込む　スピリチュアル気功』『生きる力がわいてくる　スピリチュアル気功』『スピリチュアル気功ＣＤブック』などがある。

佐藤気功センターホームページ http://www.satokiko.jp

第2章

運命好転の真実
——目に見える世界と見えない世界

目に見える世界と見えない世界のしくみ

この世は、目に見える世界と、目に見えない世界があるのです。

目に見えない世界を、霊界、幽界、空、などたくさんの言葉で表現しています。

人についても、肉体と心、魂、霊といいます。

	目に見えない世界	目に見える世界
世界	幽界	顕界
仏教	空	色
東洋医学	気、プラーナ	血
人	心	肉体
治療外気功	鍼灸	漢方
養生	内気功、ヨガ、呼吸法	食養生

地球は今から46億年前に誕生しました。宇宙の始まりから、すでに100億年くらい

がたっていました。およそ46億年前、太陽系では、たくさんの微惑星が集まって、地球が成長を続けていました。微惑星は成長しつつある地球に引き寄せられ、巨大ないん石として地表に激突していました。

いん石は、毎日何千個と降り注ぎ、そのたびに地球は大きくなっていきます。

衝突した微惑星には、鉄をはじめとする金属や岩石、また、水や二酸化炭素などさまざまな物質が含まれていました。地表に激突した瞬間、発生した熱のために鉄や岩石は溶け、水は水蒸気となって二酸化炭素などとともに原始大気となっていったのです。

厚く地表を覆った大気は、衝突で生じた多量の熱を閉じ込めてしまったため、地表は千数百℃以上にもなりました。そのため、岩石は溶け赤いマグマの海となり、地球は火の玉のような姿に変身していきます。

やがて、地球の成長もほぼ終わり、微惑星の衝突も減ってくると地表の温度も下がり始めました。ちょうどそのころ、大気中に漂っていた膨大な量の水蒸気が厚い雲となり、激しい雨となって地表に降り注いだのです。この雨は何万年も降り続け、地球に広大な海をもたらしたのでした。

哺乳類《ほにゅうるい》が誕生したのは６６００万年以降、人類が誕生したのは、ほんの20万年前です。

もし地球の46億年の歴史を1年間におきかえて考えると、人類誕生は12月31日の午後11時37分となります。創造の神様が、138億年かけて、神を認識する人の魂のボディーを作ったということです。

私たちの祖先は、父母が二人、祖父母が4人……で、30歳で代替わりするとして、900年たてば直系の祖先は2の30乗で10億、900年分の祖先、150億人がいたことになります。そのご先祖様は、多くは結婚して子供を産んで育てて、頑張って遺伝子を残してくださったんです。

その努力の賜物が私たちです。その間、いつも太陽があり、空気があり、水があり、食べ物になる動植物が、そばにあったのです。

霊界とは、生まれる前にいるところで、死んでから帰るところ。

生きている、肉体を持ってこの世に生きている間も霊の自分の意識は、肉体の自分に溶けて存在しています。

ガラスのコップに水が入っています。透明で水のほかには見えません。それに白いお砂糖を混ぜてかき混ぜると、見た目は変わりませんが、飲んでみると砂糖水になって、内容がまったく違います。人も肉体の自分と目に見えない霊、意識の自分が混ざり合って存在します。

お母さんのおなかの中に赤ちゃんができたときに、魂も入ります。

どうやら赤ちゃんの魂は、自分のお父さんとお母さんを選んで生まれてくるらしいです。妊娠中のことを覚えている子供さんもいるようですね。

もっと前の、おなかに入る前のことも覚えている子供さんもいるようです。雲の上にいて、あの人がお母さんがいい、この人がお父さんでと決めて、二人が恋に落ちるようにするようです。

エンジェルが、弓矢を持って男女を恋に落とすような絵がありますが、そのエンジェルは、実は、自分たちの子供。兄弟で協力して、未来のお父さんとお母さんをくっつけるということです。

私の患者さんの中にも、生まれる前のことを覚えている子供さんがいて、最初の子が、「次には女の子が生まれてくるよ。そしてもう一人いたよ、男の子だったよ」とお母さんに教えてくれたそうです。

その子に「赤ちゃんになる前に、どうしてお母さんを選んでくれたの？」と聞くと、「優しそうだったから」と答えたそうです。そして、「お母さんとお父さんに会いたかったから生まれてきた」と答えてくれるそうです。

肉体は、お父さんとお母さんから生まれてきて、ＤＮＡが引き継がれていきます。ご先祖様からずっとＤＮＡを引き継ぎます。どうやら、銀河系宇宙で生きるものは、みんなＤＮＡを持っているようです。

たくさんの星が生まれては消滅し、その星の活動によって原子転換が進み、たくさんの元素が生まれて、宇宙の元素が集まって地球ができました。そして、地球の中に人が生まれて、創造の神様がこの肉体を作るのに１３８億年もかけたということですね。

霊は、ずっと続いて、生き続ける魂です。

前世とか来世で繰り返し生き続けていきます。

その最初の魂はどこから来たのかというと、全知全能の神様です。

その大きな光が、分かれて、小さな光の赤ちゃんが生まれて、その光の赤ちゃんは、全宇宙に散らばっていきました。

赤ちゃんは神様が育てることができません。ただ純粋なその光の赤ちゃんは自分で育っていくしかないのです。

人間の体の中に入って生まれると命に、魂に瞬々刻々、いろいろな経験が刻まれていきます。魂が作られていきます。そして、死んだら、その人生で刻まれたものを持って肉体から離れて、神様のもとへ帰る、霊界へ帰るわけです。

太陽系の地球は、愛の学校です。

地球に生まれた魂は、みんな愛の勉強のために生まれてきたのです。

天国は平和な魂だけが集まっているので、その中にいては何の成長もありませんが、地球は玉石混交の世界で苦労しますから、それを乗り越えて、立派な魂になるわけです。

そして、地球を卒業したら、他の星の神様になります。

地球から卒業する魂がいっぱい出れば、宇宙全体が良い方向に変わるということで、**地球の存在が宇宙を変えるのです。**

世界の神様は同じ存在

世界の神様、創造の神様は、同じものだと思うのですが、その時代、その地域の民衆の状況で、受け入れやすい形で現れているようです。

イスラム教でアッラーと呼ばれ、ユダヤ教のヤハウェの神、キリスト教で主イエス・キリストの父、仏教でブッダと呼ばれて、ヒンドゥーではブラフマンです。

一つの神様にはたくさんの名前が付けられています。

たとえて言えば、キリスト教の国では液体をウォーターと言って、日本では水、タイ語でナーム、イスラム教の国ではアラビア語でマイヤと呼ぶ。しかし、それはみなH_2Oです。

これはウォーターでないとか、マイヤでないとかいっても仕方がないことですね。

その違いを理解して、みんなで愛の星地球になるために「世界が平和でありますように」とお祈りすればよいと、五井昌久先生はおっしゃっておられます。

宇宙の法則、カルマからの解放

地球で愛の勉強をして、卒業するためには、ただ愛の行いをするだけでは、すんなりいかないことがあるのです。カルマという言葉があって、過去世の行為によって自分に還ってくるものがある。誰かをいじめて恨まれたら、仕返しが今世に来る、因果応報の仕組みです。まかれた種を刈り取らねばならないのです。

それを永遠に繰り返していたらいつまでたっても卒業できないので、何か悪いことがあったら、それはカルマ（業）が「消えてゆく姿」なのだから、そのことを理解して「消えてゆくこと」に感謝すればいいという五井先生の教えが非常に重要になってきます。

エドガー・ケイシーの前世に関するリーディングで、『転生の秘密』（たま出版）に「嘲笑《ちょうしょう》の罪」というものがあります。前世で人を嘲笑したことによって身体が不自由になってしまった人たちの話です。

36歳のときに小児麻痺で歩行困難になってしまったある女性は、「ローマ時代、競技場で足が悪くなったものに嘲笑を浴びせかけた」。

生後６か月で小児麻痺で身体が不自由になってしまった女性には、「ローマ時代、人間と人間との闘い、人間と野獣との闘いを特等席で眺めた。現在彼女が受けている肉体的苦悩の大部分は、当時、命がけで戦う人々の悲惨な状態を見て笑ったその嘲笑に遠因がある」。

つまり、「人々が苦しむのを見て楽しんだり、笑ったりしたことへの罪を2000年後、体が不自由になることで償われなければならない」とケイシーは言っているのです。人の尊厳を低める行為は私たちが想像する以上に霊的な傷を人にも自分にも負わせると教えてくれているのです。

カルマは神から受ける天罰のような印象がありますが、ケイシーは半身不随になった青年に対して、

「彼は人々にとって、祝福になるだろう。彼は、神がその目的と願いをご覧になり、他の人々が希望の光を見つけられるよう自らを人々への奉仕として、希望として、差し出したのである」

と言っています。

人々を笑ったという罪に、彼は2000年かけて償う準備をし、そして2000年後、「不自由な体を通して、周りの人々にいたわりや愛を伝える」という償いで返したのです。

そして、実際、彼は自分のハンディキャップをものともせず、人々に希望を与える素晴らしい人になったそうです。「目には目を、歯には歯を」というハムラビ法典とは違

う宇宙の法則、カルマの働きです。

「熱が出たら喜べ」——症状即療法という考え方

西式健康法には二大原理があります。

一つは「症状即療法」。もう一つは「心身一者」です。

ここからはこの二大原理を説明しながら、「霊性も高まる健康法」で甲田先生が最もおっしゃりたかったことについて書いてみたいと思います。

症状即療法とは、私たちが病気だと思っている熱や痛みなどの病気の症状は「病気の実体ではなく、その病気が良くなってゆく療法としてのプロセスである」ということです。

甲田光雄先生が顧問をされていた「少食健康法友の会」の会誌『健康の科学』の第87号（2002年9月3日）に先生の講演の記録が掲載されています。

その後半で甲田先生は「症状即療法」の考え方についてわかりやすくお話ししているので、少し長くなりますが、引用します。

＊　＊　＊

西式健康法では症状即療法と言うんですね。これは健康法を知る上で大きな問題です。我々が経験するいろいろな症状は単なる病気か、それともそのままで療法なのかということです。これをはっきりしないことには治療法が定まらない。（中略）西式健康法は症状即療法と見ているのです。

仏典では煩悩即菩提としていますが、煩悩即菩提というのが真理であれば、それはそのまま症状即療法ということではないのか（※煩悩即菩提＝人生における悩みや苦しみがあって悟りがある、という大乗仏教の教え）。

症状が病気であれば煩悩即地獄で煩悩即菩提ではないではないか。そんなばかなことがあるのか。そこで皆さんにはっきりと、症状というのは本当に療法なのか、または病気なのか考えて頂きたい。

例えばインフルエンザで38度5分の熱が出た。そこでお医者さんに行って薬をもらった。その薬を飲んで3日間熱が下がらなかったら、たいていの人が医者を変えます。「あの医者はだめだ」「こっちに行って早く熱が下がる薬をもらおうじゃないか」と。それは熱をちょっとでも早く下げたいからです。

そこで開業する先生も人気を取らなければいけませんから、なるべく早く熱が下がる薬を使います。昔だったらアスピリンだった。この頃はアスピリンを使わない。ジグロへナクナトリウム（ボルタレン）またはメフェナム酸（ポンタール）、このような強力な解熱剤を使います。

そうするとどうなるかというと脳をやられる。脳症です。

これはひきつけを起す。そして死んでしまうこともある。ライ症候群です。

このようなことで命をとられる人がいかに多いかということです。

ところが熱が出るということは、入ってきたインフルエンザのウイルスをやっつけるために、インターフェロンが作られているんです。

であれば、「インターフェロンを作るために熱が出ているのか。それはありがたいな」となんで喜ばないのか。

熱が出るということは脈が早くなる。脈が早くなるということは、血液循環が良くなる。

そうすると血液循環が良くなって、体の中の毒素を早く出してくれる。また手足の末端に血液が滞っている。その血液は炭酸が多い。酸性になっていく。それを脈を早くして、早く心臓に戻す。そうすると酸性がアルカリ性に変わっていく。

「ありがたいな。そうしたら熱は療法だな」

だから西式健康法では「熱が出たら喜べ」と説く。

だから脚絆療法《きゃはんりょうほう》をやって熱を上げる（第6章参照）。

バケツに湯をくんで足を両方入れて（脚湯法《きゃくとうほう》）、熱い柿茶を飲んで毛布かぶってびっしょり汗をかく。

発熱は必要な症状だ。これが療法と考えるからそうする。

そうすれば、足のむくみがとれ、毒素が全部出ていく。ばい菌も全部消毒される。

その結果、熱が自然に下がる。

それなのになぜ（熱が出たら）冷やすんですか。上げなければいけないのをなんで冷やすんですか。こんな見当違いの療法をやっていて本当に健康になれるか。

このように症状は療法か病気かの判断によって、とる態度が全然違うんです。

ときに真夜中に電話がかかってきます。

「先生今39度5分なんです。体がカッカしてます。どうしましょうか」

「これから湯を沸かしてバケツに入れて、足を両方入れて、熱い柿茶を飲んで毛布かぶってびっしょり汗をかけばいいんです」と説明します。

それで患者さんは脚湯法をやるんですね。しかしこちらは一銭のお金にもならない。そんなことをするよりも、注射一本打ったほうが儲かるのですがね。

真夜中の電話で脚湯法を教えても「先生ありがとうございました」という一言ですね。まっ、これからの時代は患者さん自身が本当の医療は何かということをしっかり理解しなければいけない。自分で健康をめざす。こちらはその水先案内人ですかな。

このように症状が療法か病気かということを解ることが大切です。

痛みでもそうですよ。腰が痛くなった。すぐにお医者さんの所へ行って「この痛みとって。注射一本たのみます」と言い、注射打って痛みが無くなって喜んでいるわけです。

しかし痛みのある筋肉というのは血液の循環が悪くなっている。血管が狭まっている。そこに老廃物、毒素がたまっている。そこで、我々の体は血管を広げるわけです。

体がプロスタグランディン（生理活性物質）を出して、血管を広げて血液の流れを良くして、そこの老廃物、毒素を取っていく。

ところが血管が広がって血液の流れを良くするため、副交感神経を刺激するので痛みが強くなる。

その痛みというのを病気と見るから、注射で痛みをとる。注射して痛みはとれたけれどプロスタグランディンの生成を抑える薬ですから血管が狭まります。そのため血液の流れが悪くなります。老廃物は出ません。痛みはとれたけれど病気は治らない。さてどちらがよろしいですかな。

そうすると痛みというのもじつは療法だ。ところが日本では3000万人の人が痛み止めを使っているわけです。アメリカでもどんどん使っています。アメリカで年間に1万6500人がその副作用で死んでいる。

このような薬を使っていていいのかどうか。これは鎮痛剤です。NSADIS(非ステロイド性抗炎症剤)です。このような物を使ってどうなるのか。

例えばリュウマチの患者さんが「痛い痛い」というのでこの薬を使うんです。そうするとプロスタグランディンができなくなりますから、胃の中の血管も狭まります。胃の中の血液の流れが悪くなります。そのため抵抗力が落ちる。そうすると胃潰瘍になる。

この薬のせいで胃潰瘍になる。鎮痛剤を飲んでいる人は胃潰瘍になり易いんです。

リュウマチ財団で1008人の患者さん、3ヶ月以上鎮痛剤を飲んだ方のアンケートをとった。その4分の1が胃潰瘍です。このような怖いものを鎮痛剤といってなぜ飲むのか。なぜ痛みを喜ばないのか。

症状即療法と症状即病気とは全然違う医学的立場です。

先程Ｏ－１５７の話をしましたけれど、１９９６年の大事件（Ｏ－１５７による食中毒）の時に、下痢をした患者さんに対して下痢止めを使った。

その結果、治りが非常に悪かった。下痢をするから腐った腹の中がきれいになるんです。それを止めてしまうから腹の中が腐ってしまうんです。治る病気で死んでしまうことになるわけです。

下痢をしたら、水を飲んでどんどん下痢をさせるというのが正しい療法です。

まだまだいろいろなことを申し上げたい内容がいっぱいあります。喘息、肝臓病とか鈍重腎臓とか。これら全てが症状即療法でよくなる。だからこれからは煩悩即菩提。症状即療法でゆけるのです。

この両輪でもって21世紀は本当に健やかになる。皆さんが元気で生きていけるということです。その大きな原動力として西式健康法がある。これをやっていけば肉体が健康になるだけでなく、精神面でも救われて悟ることができるとお伝えしたい。

＊　＊　＊

「病は自分を丈夫にしてやろうとする天の恵みの力が働いているとき」

ここで甲田先生がおっしゃっていることと同じことを、日本で初めてのヨガの聖者、統一哲人として有名な中村天風《なかむらてんぷう》さんもおっしゃっています。

「病のときにね、まず第一番にこう考えることが必要なんだよ。

頭痛がしようと、腹を下そうと、こう考える。『病というものは、自分を丈夫にしてやろうとする天の恵みの力が働いてるときだ』と。

どうだい、全然あなた方と考え方が違うだろ。人間は病がなかったら、すぐ死んじまいますよ。まだわからないかい？

それじゃあね、あなた方が何かを食べたとする。顕微鏡にかけて分析して食ってるわけじゃねえから、変なものを食べて、それで病が出ない体だったらどうする？

食べたものの中に、もしもばい菌やたちの悪い微生物が入っていたとする。そのとき吐きもしなけりゃ、下しもしなかったら、そのままその中毒で死んじまうじゃないか。ところが、ありがたいかな、腐ったものを食ったり、良くない〝菌〟の入ったものを食えば、たちまち胸がむかついてきて、吐くわ、下すわ、そりゃのたうち回って、その病毒と体が戦ってくれて、治るまでは苦しむ。苦しんで、治る。

それを考えたらありがたいと思わないかい。まだ私を生かしておきたい、丈夫にしてやりたいという思召しが天にありゃこそ、この体の中のすべてのものを健康的にしようがために、こうして、手をかえ品をかえて、この病毒を出すお力を働かせてくだされているんだ。

『この熱、この痛み、これは自然治癒軍が活動して、おれを丈夫にしようがために働いている活動だ。あゝありがたい』というように考えるようになさい。熱がでれば、神棚にお燈明をあげてお礼を言やいいんだよ。『もっと出ろ！』ってくらいの気持ちでいることだ」

さらに東洋医学の基本認識「万病一元、血液の汚れより生ず」（すべての病は血液の汚れ＝血中の老廃物、毒素が原因）を踏まえて、こうも仰せです。

「とにかく、癌《がん》であろうと、何の病であろうと、一番忘れちゃならないことは、血液を純潔に清浄ならしめること、そして、その方法をしょっちゅう、普通に生きてる場合でも忘れちゃいけないんだ、ねえ。何の病でも血液が汚いんだ。

風邪ひとつだってそうよ。血液がきれいだったら、風邪ひかないのよ。あなた方は寒さに当たると風邪ひくと思ってるが、違うんだもの。

寒さに当たって体力が弱ると、体の中のばい菌が猛威をたくましくするんだが、そのときに血液がきれいだと、ばい菌先生、暴れようにも暴れられなくなっちまう。それが、血液が汚いと暴れ出すんだ。すると、すぐ熱が出てきたり、頭が痛くなったり。

もっとも、そのときの熱というものは悪い熱じゃない。ばい菌の暴れたやつを、できるだけ弱らせちまおうと思って熱が出てくる。

だから、風邪ひきでも熱の低いやつは困るんです。いつまでたっても治らねえんだもん。四十度ぐらいの熱だといっても、一週間、十日で治っちまう。出るんだか出ねえんだかわからない、まるで、けちんぼが買い物に行ったときみたいにだね、いつ測っても三十七度五分か八度ぐらいで、ひと月もふた月も丹念に風邪ひいてる人がいる。

そういう人は、いつでもね、もう一遍カーッと熱出させてやります。一遍もとへ返らなきゃだめ。それで一気に治しちまわなきゃだめだ」

一時押さえの手段、方法を悪いと思わずやっている

中村天風先生はできもの、腫物の類《たぐい》についてもこうおっしゃっています。

「考えてごらん、あなた方。どんなできものでも、それが痔《じ》であろうと、ニキビでも、体の中の病的物質が、いいかえれば、病毒が体の外に出ようがためにその現象が出てきたんだ。だから、おできができたら、『本当にありがたい。うれしい』と思いなさい。体の中の悪いものが外に出てくれるんだもん。

そういう腫物の類を電気の針で焼いたり、メスでもって切ったりする人があるけども、これは病毒の出口をふさいでしまうことになる。

また、出口の出を悪くすると、その恐るべき病毒は体のどこかの部分にたまってしまう。そういうやつは体の中にいられない身分なんですから、何とかして出ていこうとして、いつかは必ず、組織の一番食い破りやすいところへ行って悪さをするんだ。

だから、痔を手術した人は大抵三年、五年のうちにどこかに病をわずらってくるだろ

う。

真理の上から考えると、体の中の病毒がいろいろな状態や方法で体の外へ出てくれようとしている働きのあることは、本当に造物主に対する感謝をあらわさなきゃならない。そうだろ、こういう作用があればこそ、我々はこうして刺激の多い世の中に、とにかく生きていられるんだからね。

素人においては、一時の病の苦痛や悩みから何とかして一刻も早く逃れたいという気持ちで一杯になる。この苦しみ、この熱、この痛み、何とかして早く治りたい……そう考えるのがあたりまえではあるけれども、さあそこなんだ。

痛んだり、悩んだり、苦しかったりするから病だ。それをね、感じると同時に、一日も早く治してしまおう……これがいけないんだよ。歯ひとつ痛んだって、痛む原因があるから痛むんだ。痛むだけ痛ませて治さなきゃ治らないんだ。途中で痛みをとめたら最後、大変だ、ねえ。

一時押さえの手段、方法、それをあなた方は悪いと思わずやってる場合が多いんですよ。それも、お医者さんがやるんだから。この頃は、一時しのぎに、非常に強い薬を注射したり、強い薬を飲ませたりします。とくに抗生物質の乱用というのは、民族の健康の上に本当に真剣に考えなきゃならない大問題だ」

（『いつまでも若々しく生きる』〈日本経営合理化協会出版局〉より）


このように天風さんがおっしゃっていることは甲田先生がおっしゃっている「症状即療法」とまったく同じです。

大宇宙の神様から無限のエネルギー（光）が流れ込む

甲田先生はご遺作となった『少食の実行で世界は救われる』で「五井先生に救われた」と、次のように述べられています。

「五井昌久先生によって筆者は開眼させられたのであります。それまでどうしても壁にぶち当って、それを乗り越えることができず悩んでおりました。筆者もまた業の深い人間ですから、その業がどうしても浄まらず、消えてゆかないため、絶望に陥っていたわけです。

五井先生によって、ここに道があるよと教えていただいたのですから、これほどありがたく、幸せなことはない。本当に感謝の気持ちでいっぱいになってしまうではありませんか。このお祈りで神様の御心の中に入ってゆくことができるわけです。

その結果、神我一体の境地が実現しますと、大宇宙の神様から無限のエネルギー（光）が、私たちに流れ込んできます。この偉大な光の力によって、私たちの本体を取り巻いていた頑固な業想念も霜か霧のように溶け、消え去ってしまうのです。

そして、『神の子』としての光がその本体から出て輝くのです」


甲田先生がこのようにおっしゃった五井昌久先生とは、街角でよく見かけるシールやポールに書かれた「世界人類が平和でありますように」という祈り言葉による平和運動の提唱者です。

甲田先生は亡くなる直前に執筆されていたご遺稿「霊性も高まる健康法」の最終章の表題にも「五井昌久先生の提唱された世界平和の祈りが特に絶大な効果がある」と書かれていらっしゃいます。

ここからはなぜ甲田先生がそのご晩年にこのような考えに到達されたかを考えてみたいと思います。

不幸、不運、病など人生の苦悩は、運命好転のプロセス

五井先生の教えのエッセンスは「人間と真実の生き方」という教義にまとめられており、それはこのようなものです。

人間と真実の生き方

「人間は本来神の分け霊《わけみたま》であって、業生ではなく常に守護霊、守護神によってまもられているものである。

この世のなかのすべての苦悩は、人間の過去世《かこせ》から現在にいたる誤てる想念が、その運命と現われて消えてゆく時に起る姿である。

いかなる苦悩といえど現われれば必ず消えるものであるから、消え去るのであるという強い信念と、今からよくなるのであるという善念を起し、どんな困難のなかにあっても、自分を赦《ゆる》し人を赦し、自分を愛し人を愛す、愛と真と赦しの言行をなしつづけてゆくとともに、守護霊、守護神への感謝の心をつねに想い、世界平和の祈りを祈りつづけ

てゆけば、個人も人類も真《しん》の救いを体得出来るものである」

この「人間と真実の生き方」で五井先生がおっしゃっていることは西式健康法の「症状即療法」をさらに深めたものです。

先の甲田先生のお話のように、**症状即療法とは、「病気の症状がそのまま『療法』である＝病気は良くなるための必須のプロセスである」**ということです。

同様に**不幸、不運、病といった人生の苦悩も、本当は運命好転のプロセスなのです。**

痛み、炎症、できもの、腫物などがその原因である毒素や老廃物を症状として現し、その上で排毒（毒を出す＝デトックス）してゆく＝消していき、よくなっていくプロセスであるのと同様に、人生の途上で現れるさまざまな不幸、不運も潜在意識にある過去の誤った想念、行為の記録（毒素）が「その運命となって現われて消えてゆく時に起こる姿」なのです。

五井先生の「他力の教え」

潜在意識が運命を作ってゆくことは古くはマーフィーやナポレオン・ヒル、最近では

S・R・コヴィー博士などの「成功法則」や「引き寄せの法則」などで明らかにされています。日本では中村天風師の教えも同じ考えに基づいています。

いずれの教えも、成功や幸せの秘訣は潜在意識に良いイメージを刷り込むことである、としているのは、**「意識」＝潜在意識が現実を創造している**からです。

だから潜在意識が真なること、善なること、美しいもので満たされていたら、人生はそのように描かれます。逆に間違ったこと、善くないこと、醜悪なもので汚れていたら、人生はそのように描かれるのです。

それは病気が過去からの不摂生によってため込んだ目に見えない老廃物や毒素によって生じるのとまったく同じです。

人生に起きるさまざまな、時によって理不尽な不運、不幸も過去から潜在意識にため込んできた想念行為の蓄積によって生じるものです。

同じ理屈で、幸運、幸福も訪れます。

これを仏教ではカルマの法則、因果応報といいますが、ここに潜在意識の働きがあるのです。

このことを五井先生は、「人間と真実の生き方」の中で、「この世のなかのすべての苦悩は、人間の過去世《かこせ》から現在にいたる誤てる想念が、その運命と現われて消えてゆく時に起る姿である」とおっしゃっています。これはまさに症状即療法と同じ考え方です。

そして不幸、不運を幸福へと転ずる運命転換の方法を述べられたのが、「いかなる苦悩といえど現われれば必ず消えるものであるから、消え去るのであるという強い信念と、今からよくなるのであるという善念を起し、どんな困難のなかにあっても、自分を赦《ゆる》し人を赦し、自分を愛し人を愛す、愛と真と赦しの言行をなしつづけてゆくとともに、守護霊、守護神への感謝の心をつねに想い、世界平和の祈りを祈りつづけてゆけば、個人も人類も真《しん》の救いを体得出来るものである」という後段部です。


現れたということとは、症状即療法と同様に、運命転換のよくなるプロセスである、と考え、今からよくなる、と前向きに捉えて、今、この瞬間から、潜在意識に善き想念行為を記録してゆけばよいのだ、と教えてくださっているのです。

深刻な不幸や病気の真っ只中で、これをよくなるプロセスだ、と心から思える人は多くないでしょう。であるがゆえに甲田先生は、自力ではなく、五井先生の「他力の教え」に救いを見出されました。

甲田先生が、「霊性も高まる健康法」の第５章を以下のような構成にされようとしていたのはこのためで、絶対他力の五井先生の教えに真の救いを見出されたためでした。

第５章　どうすれば業想念を浄化できるか
①自力によってか、それとも他力によってか
②人間は「神の子」「神の分け御霊」か「罪根深重の凡夫」か
③どちらも本当である
④自力によっては極めて困難である
⑤他力で成功する例が多くある

不幸や病気の苦しさ、悩みもすべて世界平和の祈りに投げ込みなさい、そういう思いを持ったまま、世界平和の祈りに飛び込んでしまいなさい、と五井先生はおっしゃっています。さらに私に荷物を預けてしまいなさい、ともおっしゃっています。

こうして世界平和と自他の天命の全うを祈り、さらに守護の神霊への感謝を行う「世

界平和の祈り」を日常に習慣化すれば、知らず知らず、潜在意識に善き想念行為を金の文字で記録し続けることになります。

世界平和の祈り

世界人類が平和でありますように
日本《にっぽん》が平和でありますように
私達の天命が完《まっと》うされますように
守護霊様　ありがとうございます
守護神様　ありがとうございます

また甲田先生は、世界平和の祈りにご自分の願いを加えられた以下のお祈りを先生の日常の祈りとされていました。

世界人類が平和でありますように
日本が平和でありますように
すべての人が病気も治り健康になり幸せになられますように
私達の業想念が浄まりますように
すべての「いのち」の天命が全うされますように
母なる地球がいつまでも元気でおられますように
守護霊様、守護神様、大宇宙の親神様、
お願い申し上げます
守護霊様、守護神様、大宇宙の親神様、
有難うございます
有難うございます

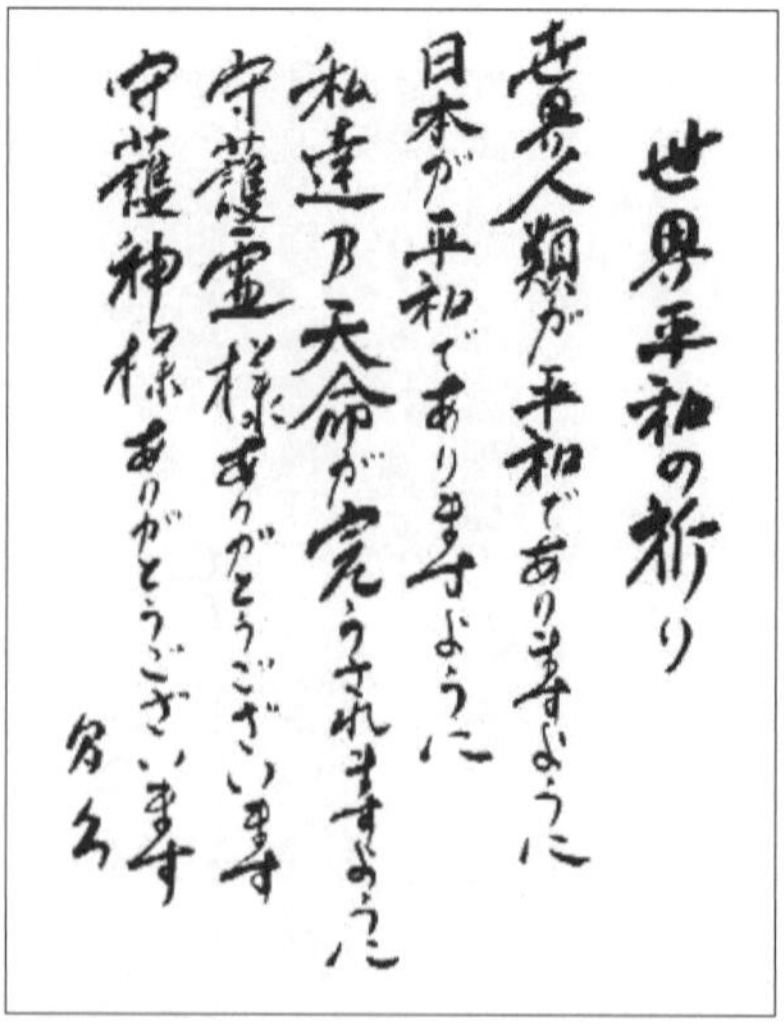

世界平和の祈り

世界人類が平和でありますように
日本が平和でありますように
私達の天命が完うされますように
守護霊様ありがとうございます
守護神様ありがとうございます

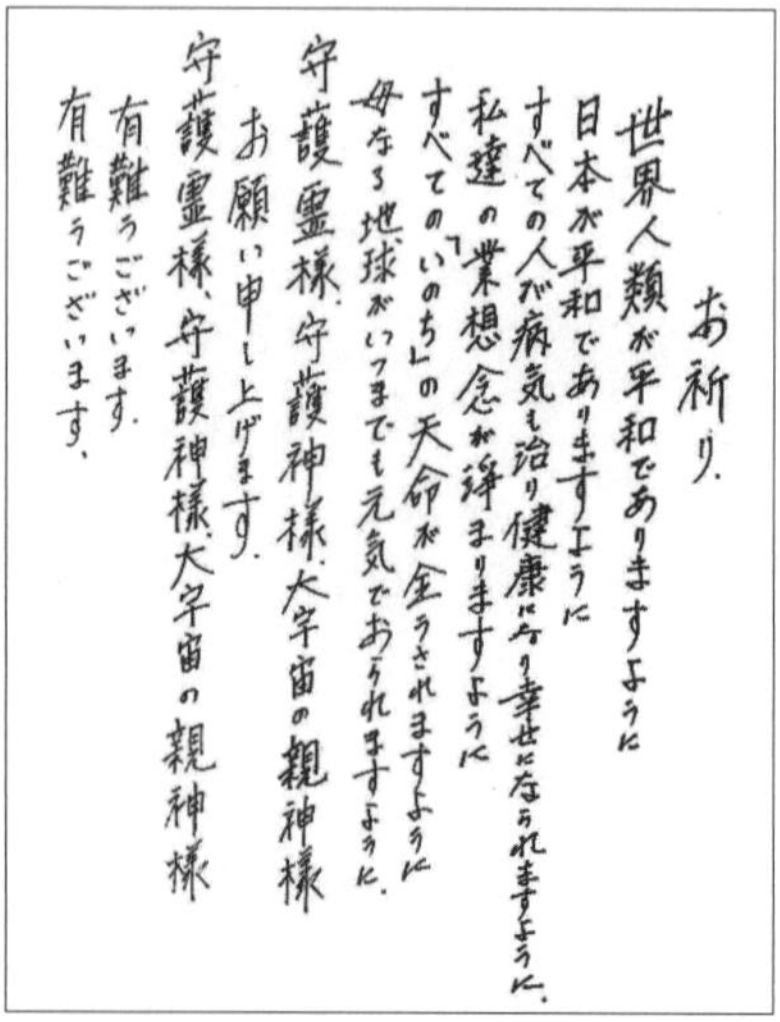

お祈り

世界人類が平和でありますように
日本が平和でありますように
すべての人が病気も治り健康になり幸せになられますように。
私達の業想念が浄まりますように
すべての「いのち」の天命が全うされますように
母なる地球がいつまでも元気であられますように。
守護霊様、守護神様、大宇宙の親神様
お願い申し上げます。
守護霊様、守護神様、大宇宙の親神様
有難うございます。
有難うございます。

五井先生が説く病気の原因

五井先生は、「最近、わけのわからない病気がふえているようですが、どういうことでしょうか？」という質問に答えてこのようにおっしゃっています。

「いろんな病があるようですね。医学が発達すればするほど、病気の数が増えるでしょ。昔は無かったような病気がね。いろいろ名前がついています。

病気というのはどういうことかというと、やはり『想いの煩い』なんです。想いの波が過去世からの想いの縁にふれて、合体して、毒素になってくるわけです。

結核菌は毒素を食べて生活するので、結核菌が悪いというより、毒素そのものが悪いんですよね。そうすると結核になる。

だから結核菌だけを殺したから治るというものではない。毒素の元を直さなければだめね。

元はどこから来るかというと、『想い』から来るんですよ。だから病気を治すためには、お医者さんにかかるのも結構だけれど、自分の想いの波を直さなければ、また病気ねいんです。

お医者さんにかかり、薬をのみながら、何をしてもいいと私は思うんですよ。

ただ想いの波を直すことをしなければ、いつまでたってもその人は本当の平和にはな
らないんです。

想いが直るにはどうしたらいいかというと、やはり神さまのみ心の中に入るわけね。

ところが昔は、祈禱や踊りをおどって治療している。

ああいうのを宗教と思っている人がいるんですね。お祈りというと加持《かじ》、祈禱《きとう》みたい
に、太鼓や鐘を叩いたりしているのだ、と勘違いしている。

そんなことはないんですね。ああいうのはお祈りというわけにはいかない。

ただ単なる願いごとです。私の言っているのは、お願いじゃないんです。

病気を治すにしても、貧乏、不幸を直すにしても、お願いごとじゃないんです。

自分の想いを本体の中に入れるわけ。

守護霊、守護神に消してもらうわけですね。

光を蔽っている闇の想いを光の中に入れて消してしまう。

そういうのを祈りだと私は言うんですね。そう教えています。

ふつうは、お祈りというと、なんだかお願いごとみたいに、鐘を鳴らして、五円ぐらい賽銭箱に入れて、『病気が治りますように、パンパン！』あれで治るつもりでいる。

あれはつもりだけなんですよ。あんなことをやらなくても治るんです。

そういうのは祈りでも宗教でもない。

宗教というのは、自分が神の子である本心を現わす道なのです。

その道は何かというと、やはり祈りより他にない。

祈りとは何かというと、神さまの光の中に入ること。

光とは何かというと、神さまの本性だから、人間の本体だから、光の中に入ることが一番いいわけです。

一軒の家でも、太陽があまり入らない家は病気が多いといいますね。

南と東が開いている家は光が入っているから、いいわけです。

そういうように、光を入れるようにしなければだめ。

心の中に神さまの光を入れなければだめね。それが祈りなんですよ」

ここで五井先生は先の原理に従った光を導き入れる「祈り」の効果を述べられていま

す。

この答えの冒頭で五井先生は「いろんな病があるようですね。医学が発達すればするほど、病気の数が増えるでしょ。昔は無かったような病気がね。いろいろ名前がついています」とおっしゃっています。

別のところで、五井先生は医学が発達すればするほど、病気が増える理由を、対症療法で症状を改善するのが病気の根本解決でないのと同様に、「症状だけを医学で抑えても、その原因は隠れただけ、潜んだだけだから、その根本を改めない限り、別の病気として姿を変えて、より強い症状で、現れるようになる」とおっしゃっています。

すなわち**思いの習慣を変え、潜在意識をきれいにしない限り、本当の病気治しはできない**ということです。

霊肉の浄化

西先生も「人間として現れているこの肉体は真実の姿ではなく、その実態は霊であり、『神の子』、造物主の分身である」と述べられています。

西式健康法の二大原理のもう一つは「心身一者」です。心身一者は文字通り「心と身体《からだ》は一つのものである」ということですが、そこにはもう一段深い意味があります。

西先生は西式健康法の三大眼目を、
①脊柱《せきちゅう》と腸の運動を同時に行なうこと
②毎日生水を一升乃至《ないし》二升飲むこと
③『必らず健康になる』という信念をもつことにあるとおっしゃっています。

この西先生のお言葉を引かれて、西先生の後継者で、ご子息の西大助氏はこのようにおっしゃっています。
①は正しい姿勢を保てるようにして腸内の浄化を行なうことであり、
②は体液の浄化であり、
③は心の浄化である、と約言することができるであろう。

「この、西式の三大眼目を、さらに要約すれば『霊肉の浄化』ということである。（中略）さらに私が常に杞憂であることを願ってやまないことは、父の遺した中庸の道が忘れられて、西式を継ぐ人々が、『霊性の開発』をいつしか置き去りにしてしまうのではないか、ということである」

心身一者のもう一段深い意味はこの説明の中で語られています。

それは西式健康法の大眼目は**「霊肉の浄化」**にあるという言葉です。

肉は身体のことです、それでは霊とは何でしょう？

これも「人間と真実の生き方」（85ページ参照）の中で語られています。それは冒頭の「人間は本来神の分け霊《わけみたま》であって、業生ではなく常に守護霊、守護神によってまもられているものである」という言葉です。

量子力学が行き着いた世界観――「すべては意識が創造している」

実は、人間の本質が肉体ではなく霊であり、神の分け霊であることを最新の物理学、特に量子力学が解明しつつあります。

それは人間はもちろん、物質として現れているすべてのものを含めて、その本質は「光（光子）」であり、「波動」であり、さらにその本質は「人間の意識」であるという発見です。

少し量子力学の世界観の説明をしましょう。

量子力学の世界観の理解の助けになるのが、工学博士としてだけでなくコメンテーターとしてもご活躍の武田邦彦《たけだくにひこ》先生の発言です。

武田先生は、実際はすき間だらけの物質や肉体が「そこにあるように見える」だけでなく、「通り抜けたり、重なり合ったりできない」理由を説明できればノーベル賞ものだ、とおっしゃっています。

先生の専門は物質の本質を探る学問で、その一分野の量子力学は物質の最小単位を探る学問だとも言えます。

私たちの体は37兆個もの細胞で構成されています。

そしてその小さな細胞も実は分子と呼ばれるさらに小さな粒子から成り立っており、この分子は原子というさらに小さな粒子が組み合わさってできています。

そして原子の中には中性子と陽子からなる原子核があり、その周りをいくつかの電子が運動しています。

この原子核の周囲を電子が運動する範囲を原子の大きさと考えると、例えば水素原子の大きさは10のマイナス10乗m（１００億分の１m）程度で、さらに水素の原子核を構成する陽子の大きさは、10のマイナス15乗m程度です。

これを私たちの理解できる単位、例えば原子を東京ドームの大きさに拡大すると、原子核は東京ドームの中央に置いたパチンコ玉くらいの大きさになりますが、素粒子の世界まで踏み込めばさらに単位は小さくなります。

武田先生がおっしゃっているように、私たちの肉体や物質は「実はすき間だらけ」であるというのが実体なのです。

そのすき間だらけのほとんどが空間である物質が、そこにあるように見え、また触ることもできる、というのは実は不思議なことなのです。

森田《もり》邦久《たくにひさ》さんという哲学者が書いた量子力学の本があります。森田さんは哲学者ですが、哲学者の立場から量子力学の世界観を説明されています。

そこで森田さんは量子力学の不思議な世界を３つの観点であげておられます。

それは、

◉非実在性＝観測するまで存在しない。見た時にしか見えない。

◉非局所性＝ある出来事が遠く離れた別のできごとに瞬間的に影響を与える。

◉粒子と波の二重性＝素粒子や光子は粒子的特性と波動的特性の2面性を持っている。

の3つです。

一つ一つ簡単に説明しましょう。

非実在性とはまさに実体がないということです。そしてそれが実体として存在するのは「観察者」がいるときだけだ、というのが非実在性です。

実在しないのに「そこにあるように見えている」理由を量子力学の祖といえるボーアとハイゼンベルクは、「外部の観測者が測定を行うと、波動関数は不思議なことに『収縮』し、電子が明確な状態に落ち着く」と考えました。

これは観察者が木を見たとたん、それが実際に立っていることがわかるようになる、という意味です。

そして量子の実験は観察の結果としてノーベル賞受賞者のユージーン・ウィグナーらは「意識が存在を確定する」と提唱し、こう述べました。

「量子力学の法則をまったく矛盾のない形で定式化することは（観測者の）意識を考慮せずには不可能だった。この結果、意識の内容こそが現実なのだという結論に至ったのである」

　このように**量子力学が行きついた世界観は「すべては意識が創造している」**というものでした。

　ついで**非局所性**です。これも説明が難しいのですが、要は空間や物理的な距離が幻想にすぎないことを定義したものです。

「この世界に存在するすべてのものは空間や時間を超えて密接に、また相互的に依拠して成り立っている」ということです。

　3つ目の**粒子と波の二重性**ですが、これが我々の本質である「霊」にかかわる観点です。本質であり最小単位である素粒子は、光子という粒子として現れたり、同時に波、波動として現れたりするという二面性を持っています。

「色即是空《しきそくぜくう》　空即是色《くうそくぜしき》」という言葉で有名な般若心経《はんにゃしんぎょう》で説かれる「空《くう》」という世界観は、量子力学の世界観を表現したものです。

心の最も奥にある光明の心

ダライ・ラマ法王は「悟りとは何か」について、「悟りは他の誰からも授けてもらうことはできない」と説かれます。

悟りは自分以外の外の世界から得るものではありません。

なぜでしょうか？

それは法身、報身、応身の三身を生起するための土台となる修行が、私たち自身の心の中においてなされなければならないからです。

「心の最も奥にある光明の心と、その乗物である微細なルン（風）のエネルギーが仏の三身に変容するのです」

ここで法王がおっしゃっている心の最も奥にある光明の心が「光（光子）＝粒子」を表し、その乗り物の微細なルン（風）が波（波動）を表しています。すなわち、量子力学で言う「粒子（光子）と波の二重性」をここにおいて表現されているのです。

仏教でだけではありません。「はじめに言葉あり」という有名な「ヨハネの福音書」

の記述も「はじめにひびき（波動）があった」ということで、その初めのひびきは今も私たちの本質として、私たちを私たちとしてこの世に現しめ、物質世界に形として映し出す原動力になっているということです。

五井先生の「人間と真実の生き方」の冒頭の「人間は本来神の分《わ》け霊《みたま》であって、業生ではなく常に守護霊、守護神によってまもられているものである」という言葉の意味は、**人間の本質は光であり、ひびきである、それは創造の源、言い換えれば神から分かれ出たもので、この世界に現れている不幸な自分は実在ではない、**ということです。

甲田先生が「霊性も高まる健康法」とご遺作のタイトルを命名されたのも、**人間の本当の幸せとは、霊なる自分の本質である「神」、言い換えれば、創造の高いエネルギーに近づき、一体となるということを意味されたものだと思います。**

古来「神」すなわち「創造のエネルギーの源」と一体になるためには大変難しい修行が必要であるとされてきました。この難しい修行を甲田先生は「自力」と表現されています。

日々、病気で苦しむ患者さんを救うことだけに腐心されていた甲田先生に必要だったのは、万人が日常でも行える「他力」の方法でした。
そして病や不幸を解決するためにすべての人が実行可能な他力の方法として見出されたのが、五井先生の「世界平和の祈り」でした。

潜在意識の濁りについて

このことを甲田先生は『少食の実行で世界は救われる』（三五館）の第４章で、このように述べられています。

「背腹運動を行う際に世界平和のお祈りをするという問題について説明したいと思います。

先に、私たちは本来、『神の子』とか『神の分けみたま』であるといわれているのに、一方ではまた『罪根深重の凡夫』ともいわれているのはなぜか？　と述べておきました。いったいどちらが本当なのかわからない。

そのとおりですが、これはどちらも本当なのです。『そんな馬鹿な』と思われるでしょうが、どちらも本当なのです。

人間は皆「神の子」

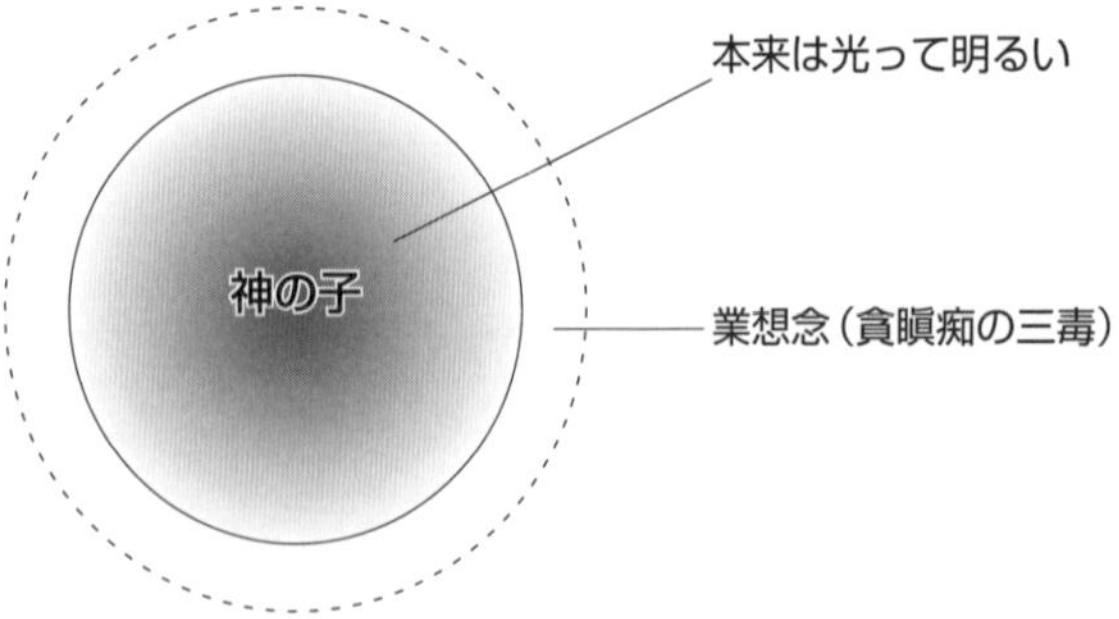

私たちは本来、やはり『神の子、神の分けみたま』であることは間違いございません。
大宇宙の親神様の分身です。
だから元来は光っているはずです。
ところが、この本体にべっとりと厚く業想念が取り巻いているので、光るどころか曇ってしまい、いろいろな苦悩が現れ、それが不幸の原因となっているわけです」

この甲田先生のお言葉をわかりやすく図にすると上図のようになるでしょう。

我々の本質は霊です。
そして霊の源は光であり、ひびきです。
これを宗教では神とも言い、仏とも言います。
五井先生はこれを「神体」と呼ばれています。
そして私たちはこの源からの分かれ、分霊

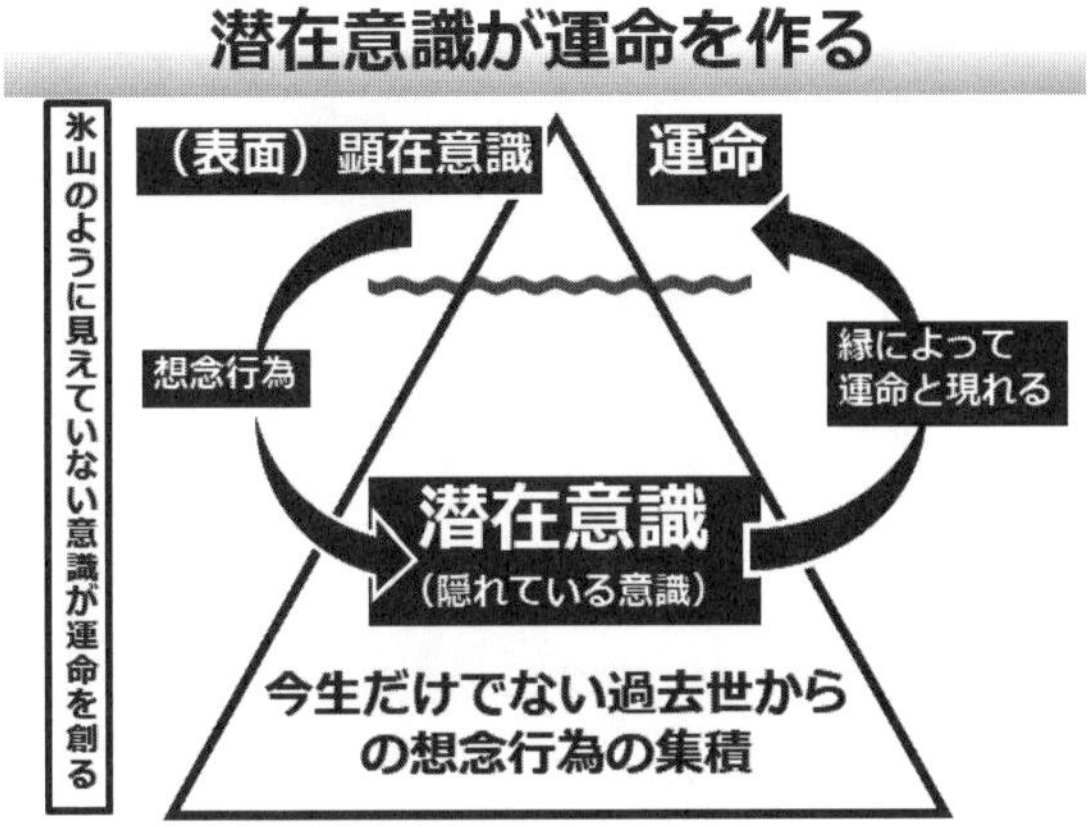

（神の子、分けみたま）であり、我々の本質は霊体です。

しかしその私たちが肉体世界で行ってきた誤った想念行為の結果、肉体と霊体をつなぐ潜在意識の世界である幽体を汚し、濁らせてしまいました。

この潜在意識が現実を創造するというのは、上の図のように潜在意識が肉体世界のスクリーンに映し出されるフィルムの役割を果たすということです。

このフィルムである**潜在意識＝幽体の汚れや濁りを浄める働きがあるのが、祈りや瞑想**です。

そしてその最もやさしい方法を甲田先生は五井先生の「世界平和の祈り」に見出されたのです。

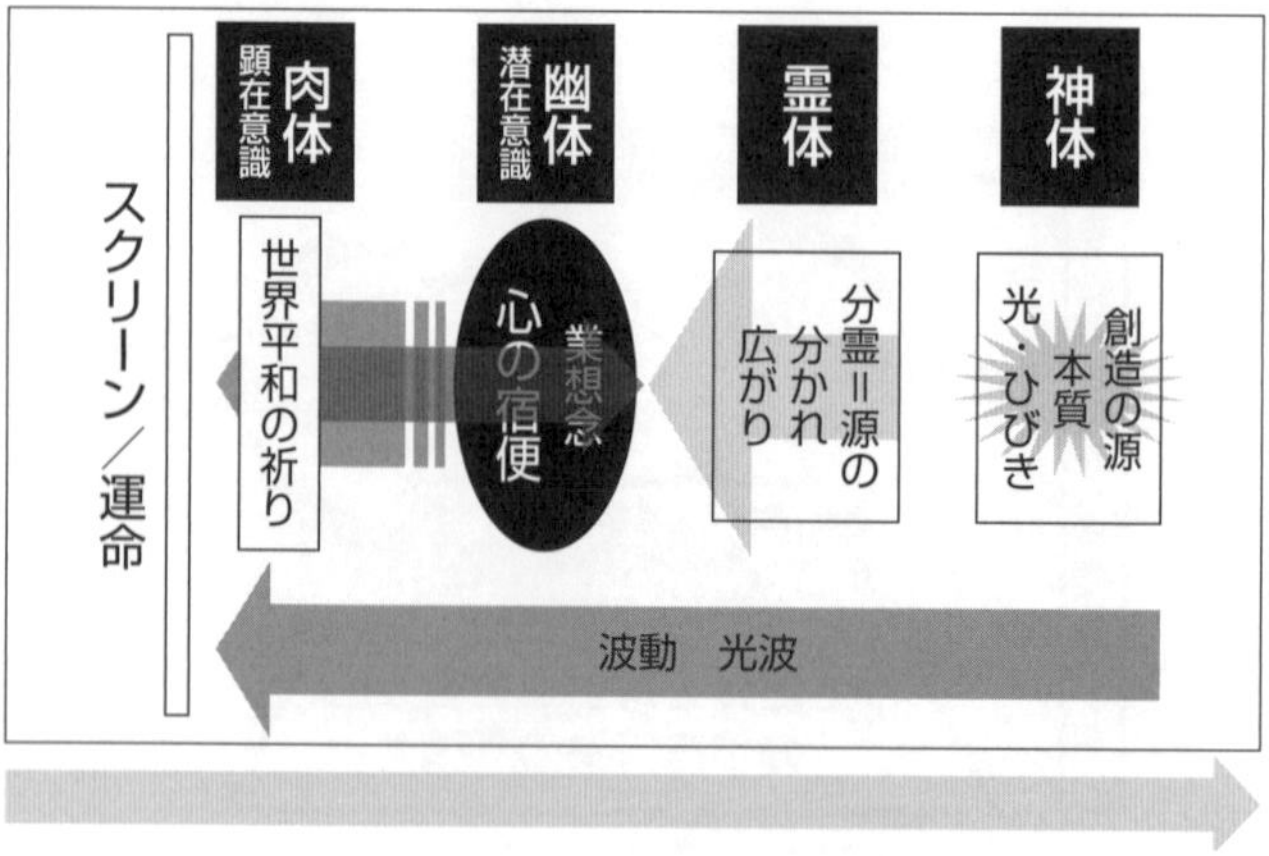

そのことを、こう述べられています。

「少食を実行しても、それがなかなかうまくゆかず食べすぎて失敗してしまうのも、貪欲《どんよく》という業想念に振りまわされてしまうからです。

この業想念を浄化し、消え去るようにすれば、本来の『神の子』としての光明が現れ、本当に幸せな人生となってくるのです。

そこで、どうすればこの業想念を浄化し、消し去ることができるか。それは、お祈りの力によって可能になるのです」

それを図で示すと上図になります。

世界平和の祈りはこの図のように幽体、潜在意識に光の通る道、いわばパイプを通す働きがあります。

そのパイプを通って分霊の光が幽体、潜在意識の汚れや濁りを浄めてゆきます。それをさらに続け、習慣化してゆくと光のパイプは大きくなり、より強い光が幽体に流れ込みます。

潜在意識の汚れが浄められるたびに、フィルムの汚れは取り除かれ、本来の光がそのまま運命というスクリーンに描かれるようになります。

甲田先生は観普賢菩薩《かんふげんぼさつ》行法経《ぎょうほうきょう》の有名な一節をよく口になさっていました。

「一切の業障海《ごうしょうかい》は　皆妄想《もうそう》より生ず　若《も》し懺悔《ざんげ》せんと欲《ほっ》せば　端坐《たんざ》して実相《じっそう》を思え
衆罪《しゅざい》は霜露《そうろ》の如《ごと》し　慧日《えにち》能《よ》く消除《しょうじょ》す」

ご遺作の『少食の実行で世界は救われる』でもこの一節に言及されています。その意味はこのようなことです。

「不幸や病などの一切の業障は、すべて誤った想念、妄想から生み出される。もし自分の業障を懺悔《ざんげ》したいなら、静かに端座《たんざ》して実相を思えばよい。実相とは自身が光であり、神性であり、仏性であるということだ。そうすれば罪として見えている不幸や病は、あたかも霜や露のごとくものだから、智慧の光に照らされ消えてしまうのだ」

この一節にたびたび甲田先生が触れられたのは、先に説明した運命好転のプロセスを説明したものだからです。

甲田先生はそのことが確信できたと続く文章で、こう仰せです。

「そこで筆者は背腹運動を行なって、自律神経が完全に調和したときに、神様の御心の中へ入ってゆくお祈りをすることによって、神様から無限のエネルギーが流れてきて、さしもの頑固な業想念も浄められるに違いないとの確信を得ることができるようになりました。そのため神様の御心と一体になるお祈り、それは世界平和のお祈りであると神人であり、聖者であられる五井昌久先生から教わったわけです」

背腹運動（272ページ参照）は西式健康法の六大法則で、この「背腹運動を行うときに強く念じたことが潜在意識に入ってゆく」と言われています。

そこで甲田先生は背腹運動中の世界平和の祈りを、特にここで強調されています。

しかし、いうまでもなく、誰にでも、何をしていても行える世界平和の祈りが主であり、背腹運動は従の働きであることも申し添えねばならないでしょう。

第3章　少食は最高の開運法

甲田療法とは何か

「断食リトリート　あわあわ」の玄関には、前述の甲田先生のお祈りの言葉とともに甲田先生ご自身が書かれた「甲田療法とは何か」についての甲田先生の言葉を額装して、お飾りしています。日付は亡くなる3か月前です。

甲田療法
甲田医院では来院される患者さん達に、
西式健康法で心身の健康を完成し、更に
五井昌久先生の世界平和のお祈りで、
業想念（貪《とん》瞋《じん》痴《ち》の三毒）を浄化するように、
指導しております。
甲田療法は病気の根源が結局誤まった
想念であることを正しく理解し、それを

甲田療法

甲田医院では来院される患者さん達に、
西式健康法で心身の健康を完成し、更に
五井昌久先生の世界平和のお祈りで、
業想念（貪瞋痴の三毒）を浄化するように、
指導しております。
甲田療法は病気の根源が結局誤った
想念であることを正しく理解し、それを
浄化するよう努力することです。
二〇〇八年五月十五日。
院長　甲田光雄。

浄化するよう努力することです。

二〇〇八年　五月十五日

院長　甲田光雄

甲田先生は「甲田療法は病気の根源が結局誤まった想念であることを正しく理解し、それを浄化するよう努力することです」とおっしゃっていますが、これは先の「病気は〝想いの煩い〟で、想いの波が過去世からの想いの縁にふれて、合体して、毒素になる」という五井先生の言葉と同じことをおっしゃっているのは言うまでもありません。

原因を正しくつかみ、これに対処することなしに、症状だけを追いかけていては、問題解決はできません。

甲田先生がご遺稿の「霊性も高まる健康法」で説明されようとしたのはこのことで、**断食は「愛と慈悲の行為」です。**

動植物の命を殺生しないのですから、そして、荒い波動の物質を体の中に入れないのですから、目に見えない世界の影響が大きくなって、神様の声が聞き取りやすくなるようです。

霊能者の中には、自分の意志とは関係なく自然に断食を1週間ほどする方もいて、霊界から大切なメッセージを受け取りやすくするために、自然に導かれているようです。そういうときは、おなかもすかないし、何も我慢もしなくて、大変やりやすい断食になるでしょう。

断食や瞑想をする人は、断食中が一番素晴らしい瞑想や座禅ができるとおっしゃっています。また、断食中に座禅や瞑想をすると、断食後のリバウンドが少なく、素晴らしい断食ができるとも言われています。

食欲と脳波の関係

オーストラリアの不食の実践家ジャスムヒーンさんは、ワークショップをして参加者の方々を不食に導かれます。そのジャスムヒーンさんのお話では、人の食欲と脳波が関係しているらしく、

■第1段階　β《ベータ》波―常にあるレベルで飢えている
■第2段階　α《アルファ》波―ときどき飢えを感じる

■第3段階　θ《シータ》波──ほとんど飢えを感じない
■第4段階　δ《デルタ》波──決して飢えない

β波というのは、脳が起きているときに活発に働いていて緊張している状態です。起きているときに、いつも飢えているのはどういうことかというと、おなかいっぱい食べても、別腹などといって、胃腸の処理能力以上に多く食べすぎるということです。人が、身体に負担になるほど食べすぎてしまうのは、心が飢えていて、もっと愛してほしい、もっと認めてほしい、もっとお金が欲しい、もっと知識が欲しい、もっといいところに行きたいなど、その「もっとの思い」が簡単にストレスを解消する「食べる」に置き換わってしまっているのです。

この世は競争社会です。自分は一番になりたいとか、そんなことを思っていない方でも、普通でありたいとか、これぐらいの家には住みたい、これぐらいの学歴はあって、そこそこ恥ずかしくない程度に、と周りを気にしながら生きてませんか?

社会的なことを考えないで、「自分はなんのために生まれてきたのか」「自分がワクワクすることはなんだろう」「寝食を忘れて夢中になることは何かな」と考えて、ストレスのない生活に切り替えていくと、食欲も抑えやすいと思います。

常に緊張しているとβ波の脳波で、いつも飢えている状態になってしまいます。あまり食べなければ、大きな病気にもならず、食費もかからず、食べるために嫌な仕事を続けなくてもいいかもしれません。


起きているときに、α波が出るのはゆったりして、リラックスしている状態です。

α波の中でもリラックスした意識集中状態のミッドα波が出ると発明などがひらめいて、ひらめきの脳波と呼ばれるそうです。

このα波のときはときどき飢えを感じるといい、θ波はほとんど飢えを感じない、δ波は決して飢えないと言っています。ただし、この脳波が起きているときに出るのは珍しいと思います。瞑想の達人か、超能力者の脳波だと言われています。

自分の意思で起きているときの脳波がコントロールできれば、食欲もコントロールできて飢えに苦しむようなことはなくなるということです。

断食や少食で体重が減ってきて、脳の栄養をブドウ糖だけでなくケトン体で補うようになると脳波はα波になっていきます。ときどき飢えを感じるくらいになって、空腹がそれほどつらくなくなってくるということですね。

食べないことが日常になる「不食」

断食は限られた日数だけ食べませんが、不食は食べないことが日常になります。
不食の方に聞くと、何も食べないわけではなく、**宇宙から24時間愛のエネルギーのプラーナを食べているそうです。**

そのプラーナを吸収するために、瞑想が必要だそうです。

瞑想をすると、目に見えない世界とつながりやすくなります。

不食のジャスムヒーンさんは、瞑想の最後に宇宙の高次元の生命体からのメッセージを受け取ってくださいます。不食の先にあるものは、宇宙人とのコンタクトかもしれません。

たとえてみれば、お水と牛乳があって、そのまま混ぜれば、水と牛乳は混ざって、もう分けることはできませんが、牛乳をよく振ってバターにしてしまえば、水に入れても混ざらす、バターだけ抜き取ることができます。

瞑想がこの振る作業で、瞑想をしていると魂と心が鍛えられて、この世的な普通の世界で生活していても、見えない世界のことを忘れずに暮らせるということです。

ジャスムヒーンさんはご自身のワークショップで、きれいな音楽を流しながら、

「私は純粋なる愛」

「私は永遠なる愛」

「私は無限なる愛」

と「心の中で繰り返してください」と指導されました。

不食のジャスムヒーンさんのオーラで会場は満たされて、一緒にその波動の中で瞑想すると、愛の波動で、胸がいっぱいで、まったくおなかがすきません。

ヨガナンダが会った２人の「食べない女性」

『あるヨギの自叙伝』（パラマハンサ・ヨガナンダ著、森北出版）の中に出てくるヨギ（ヨガ行者）、ギリバラと、ドイツのシスター、テレーゼ・ノイマンは、聖者のような、

修行者のような雰囲気があります。ギリバラとテレーゼ・ノイマンが著書のパラマハンサ・ヨガナンダと面会したときの会話内容を紹介します。

●56年不食のギリバラ

ギリバラは12歳と4か月のときから不食になる。小さいときは食べることが大好きで、大食漢であった。インドでは結婚が早かったので、母親は、結婚してからが大変だから、食べるのを少しにするように注意していたらしい。

9歳で婚約し、12歳で結婚、夫の家族と同居するようになる。大食いを義母に笑われたのがきっかけで、「それなら、見ていてください。私はもう金輪際《こんりんざい》、死ぬまで食べものには手も触れませんから」と言って、

「主よ、どうか私のところに、食べ物ではなくあなたの光によって生きる方法を授けてくださるグル、師をおつかわしください」と祈った。

一心に祈り続けて、恍惚状態になって、ガンジス川に導かれて、ガンジス川で身を清めた。そして、岸に上がると、太陽の光の中に突然グルが姿を現し、

「子供よ、私はおまえの熱心な祈りをかなえるために、神からつかわされた、グルだ。

神はお前の風変わりな願いをお聞き届けになられた。今日からお前を、霊の光によって生きられるようにしてやろう。お前の肉体の原子は無限のエネルギーによって養われるようになるだろう」

こういうとグルはギリバラにあるクリアの技法を授けた。これは、ある種のマントラと普通の人には難しい呼吸法からなるものだという。このクリアを実践することで、この世の食物をとらないで生き続けることが可能になるのである。

これを授けられている間、グルとギリバラの周囲にはまるで煙幕のような光が取り巻いており、人々の目から隠されるという配慮がなされていた。

このクリアをマスターしてからは、

1. 睡眠は少しで足りるようになり、夜は瞑想して過ごすことができる。
2. 季節ごとの気候の変化はほとんど感じない。寒さ暑さに強い。
3. 病気になったり、具合が悪くなることがない。
4. 排泄物は全くない。
5. 心臓の鼓動と呼吸を制御できる。
6. 普通の人が見えないグルや他のマスターを見ることができる。

ギリバラの食べないで生きる能力は、7つのチャクラの1つ喉の奥にあるヴィシュッダチャクラを活性化することによってこの能力が得られる。目に見えない体(アストラル体の脊髄の第5中枢)で特殊な呼吸法で活性化する。

役割は肉体細胞の原子の内部に入っているエーテルを制御することである。

このチャクラに意識を集中することで、そのエーテルを調整することができて、エーテルのエネルギーだけで生きられるようになるということである。

また、ギリバラはこの方法だけでなく、「空気や太陽からもエネルギーを摂取している」と言っている。

「食べない法『クリア』を公開することはできないのか」とギリバラに聞いているが、これは「断固としてできない」と答えている。グルに固く禁じられている。

なぜならばそれは創造に関する神の技に干渉することになるからだ。

そしてどんな不幸であれ、飢えであれ、それは人間が人生の真の意義を探求するために必要なことなのだと言っている。

ではなぜギリバラはこの技を授けられたのか?

「それは人間が霊であることを証明するためでございます。人間は霊的に向上するにつれて、次第に物ではなく〈永遠の光〉によって生きられるようになることを証明するためでございます」

と答えている。

●テレーゼ・ノイマン（1898〜1962）25歳から65歳まで40年間不食。ドイツの尼僧。

テレーゼ・ノイマンは20歳のとき、不慮の事故にあった。そのために失明し、全身不随になった。ベッドで寝たきりの生活を送っていた。それから5年後に奇跡が起こって「リージュの小さな花」と呼ばれる聖女テレーズに熱心に祈りを捧げた結果、視力が回復し手足も動くようになった。

テレーゼは祈りによって、他人の病気を自分に引き受けることができた。

25歳のときに喉を患った患者の病気を引き受けたところ、食物をとらなくなった。

毎週金曜日に彼女の身体には、イエス・キリストが受けたものと同じ聖痕が現れた。木曜日の真夜中から金曜日の午後1時まで、その間彼女の体重は5kgも減ってしまう。

普段のテレーゼは明るくて子供のようなみずみずしさと魅力にあふれた婦人である。

そして、実際の年齢よりずっと若く見えた。

人にはみんな守ってくれる神霊様がついている

テレーゼ・ノイマンの亡くなった1962年の12月25日に私が生まれています。

テレーゼ・ノイマンさんが不慮の事故で失明して、全身不随となったのは20～25歳までだったそうです。若くて一番元気で美しいときです。

私も21歳で発病して25歳くらいまで、まともに歩けませんでした。同年代の者や周りの者が元気に活躍しているときに寝たきりとは、残念だったことでしょう。

それでも、周りの人に心配かけないように明るく振る舞って、感謝をして、神にお祈りをして生きていたと思います。

食べないで生きていけるわけについてテレーゼは、

「私は神様の光によって生きているのでございます。生命のエネルギーがエーテルや太陽や空気から身体の中に注ぎこまれるのです。

そうして、私がこの世に生きている理由のひとつは、食べものによらず、見えない神の光によって生きられることを説明するためでございます」

と答えています。

（パラマハンサ・ヨガナンダ著『あるヨギの自叙伝』より）

現代の不食の人は、幸せそうにしていますね。ジャスムヒーンさんも大変おつらい時期もあったようですが、今は幸せそうに見えます。

五井先生のお祈りで、「守護霊様、守護神様ありがとうございます」と言うところがあります。人にはみんな守ってくださる霊や神がついているということです。

私の背中にはわかっているだけで、お釈迦様と甲田先生がおられます。

それと、数年前に１００歳でなくなった母方の祖母が私のそばにいて、「私の活躍をとても喜んでいる」「みっちゃんは間違っていない！」とおっしゃっていると、ワークショップに参加していた霊感のある方が教えてくださいました。

ですから、何かのときには、「甲田先生助けて」とか「お釈迦様ありがとうございます」「おばあちゃんありがとうございます」と言っています。

皆さんも縁のある霊や神様に、私のように思いを伝えたほうがいいですね。そのほうがいっそう身近に感じます。

もちろん、何も言わないときでも助けてくれていると思います。

私のところに来られる患者さんの中で、特に初めての方を治療しているときに、急になぜだか涙があふれだしてくる患者さんがいます。「どうされたんですか」と言っても、ご本人にもわからないみたいです。

私は見えないですが、その人の守護の神霊様が苦労してここまで連れてこられたんだな、守護の神霊様から、「この子をよろしくお願いします」と言われているような気になることがあります。私は、「かしこまりました」とお応えします。

そういうことがあるたびに、見えない世界の方々のお働きはすごいなあと感心いたします。

私のように途中から加わる守護の神霊もありますが、生まれてから死ぬまでずっと一緒にいてくださる神霊様もあります。

少食は最高の開運法――「人の運は食にあり」

少食・粗食になれば、運命も好転して、ラッキーな体質になって心配事も起こらなくなります。少食は最高の開運法です。

占いの中興の祖と言われている水野《みずの》南北《なんぼく》さんも「食は命なり」と言っています。水野南北（１７６０年～１８３４年）は江戸時代の中期の観相学の大家。大阪生まれ。幼いころ両親をなくした南北は叔父さんに引き取られますが、10代で酒、賭博をやり、18歳のときに投獄されます。21歳のある日、通りがかりのお坊さんに「剣難の相、死相が出ている。あなたは余命1年だ」言われます。

怖くなってお寺に行った南北は出家を希望しますが、お寺の和尚さんは拒絶して、「これから半年間、または1年間、麦と大豆だけを食べて過ごすことができたら出家させてあげよう」と言います。南北はそれからきっちり麦と大豆だけ食べて、お寺に行くと剣難の相が消えていました。半年間、麦と大豆だけを食べて陰徳を積んだので、剣難の相が消えたと言われました。

それから風呂場で三助を3年、床屋で3年、火葬場で3年働きながら人相を勉強して、観相家として活躍します。それでも、一部の人については観相が外れることがありました。それで伊勢神宮を参詣し断食と水ごりの修行をして、「人の運は食にあり」という真理を授けられました。

伊勢神宮の外宮の祭神は豊受大御神《とようけのおおみかみ》で五穀をはじめとする一切の食べ物を司《つかど》る神様です。この真理を授けられてから南北は「我れ衆人のため食を制す」と生涯粗食で過ごしたといいます。

水野南北は貧相で、短命の相でしたが、食を慎んで78歳まで健康で生き、大きな財をなしたのです。

運がよくなる食事のとり方

少食で自身の運命を変えた水野南北の言葉を紹介します。

1. 運命の吉凶は食で決まる

①食事量の多少によって、人の貧富や寿命や未来の運命を予知することができる。

人間には天より与えられた一定の食事量がある。これをみだりに貪《むさぼ》り食うものは、天の規律を破る者である。

②食事の量が少ない者は、人相上不吉な相であっても、運勢は吉であり、それなりに恵まれた人生を送り、早死しない。特に晩年吉。

③食事が常に適量を超えている者は、人相学上から見ると吉相であっても、物事が整いにくい。手がもつれたり、生涯心労が絶えなかったりして、晩年は凶である。

2. 粗食の者は貧相であっても、幸運をつかむ

①食事が常に適量である者の吉凶は、相として表面に表れているとおりである。

②常に大食・暴食の者は、たとえ人相上はよくても運勢は一定しない。もしその人が貧乏であればますます困窮し、財産家であっても家を傾ける。大食・暴食して人相も凶であれば、死後は入るべき棺もないほど落ちぶれる。

③常に身の程以上の美食をしている者は、たとえ人相が吉であっても、運勢は凶である。美食を慎まなければ、家を没落させ、出世も成功もおぼつかない。まして、貧乏人で美食をする者は、働いても働いても楽にならず、一生苦労する。

④常に自分の生活水準より低い程度の粗食をしている者は、人相が貧相であってもいずれは財産を形成して長寿を得、晩年は楽になる。

3．粗食でも大食すれば大凶

①粗食で少食を守っている者は、たとえ極悪貧窮の相であっても、財を成し、出世する。子孫にも財を遺す。しかし、粗食にしているとは言っても、大食し、量が一定しない者は、大凶である。

②少食で量も厳重に決めている者は相が悪くても福分に恵まれ、万事思うようになる。こういう人は外見弱弱しく見えても、病気になることはない。

4．食事の時間が不規則な者は、吉相でも凶

①食事の時間が不規則な者は、吉相であっても運勢は凶である。何事も成就しそうで成就せず、生涯、生活が不安定である。貧しい人の場合は、思うようにことが運ばず、8、9分どおりまでできていても、完成間際で崩壊する。

②大食で、しかも食事時間が不規則な者は論外で、慎まなければ、ついには家を潰し、

病気で倒れる。もし凶相であれば、死に場所さえ定かでない境涯に落ち込む。

5. 少食の者に死病の苦しみや長患いがない

①常に大食の者は病みつきから食欲をなくしてあまり食べない。少食の者は病気になることはまず少ないが、仮になっても食べないということはない。大食の者は天与の食が尽きてもまだ生命があるために、食べられない状態で長く苦しんだあとに死ぬ。少食の者は天与の食がまだ尽きてないために、生命が終わってもまだ食が終わっていない状態にある。

食があるところに命があるので、その食が尽きるときに生命も自然に亡くなる。だから少食の者には、死病の苦しみや長患いがない。

しかし、少食であっても食事が不規則であれば、病気にかかりやすい。

食を慎み、欠乏に耐える者は晩年の凶運を免れる。

6. 大いに成功発展する相があっても、その相どおりに行かないこともある

①怠け者でずるく、酒肉を楽しんで精進しない者には、成功はない。

成功、発展しようと思うならば、自分が望むところの一業をきわめて、毎日の食事を厳重に節制して、大願成就まで美食を慎み、自分の仕事を楽しみに変えるときには、自然に成功するであろう。

食を楽しむという根性では、成功は望めない。食は成功の基礎でありその基礎をみだりに食いつぶす者は、その基礎を失うものである。食は恐ろしいまでに、大切な事柄なのである。

7. 美食を続けると消化器系の病気になる

①無病の相であっても、若いころから美味を好み、毎日のように美食するものは、老いては消化器系の病気にかかり、食べたくても食べられない業病となる。貧しいにもかかわらず3年間美食を続けると、生命まで失うことになる。

②「食」というものは「気」に準ずるものである。食が定まらないから、気も定まらない。食が定まらなければ、万事定まらず、損失や災いをなすものである。食が定まると気もおのずから鎮静し、心が治まる。心が不動であれば、災いを生じることはない。

③収入が定まっている者は、三度の食事も定まる。収入が定まらない者は、食も定まらない。ゆえに収入を定めようとするならば、まず3度の食事を定めることである。しかも高い収入を得ようとするならば、少食に定めることである。たとえ衣食住が定まらぬ相であっても、3年間食を慎み人徳を積むなら、仕事は自然に授かるものである。

8. 肉体労働者は大食してもよい

①肉体労働者は一見自分のために働いているようであるが、実はそうではなく、世のため人のために菩薩の働きを働いているのである。ゆえに自分の分以上に大食しなければその働きを成すことができない。だから、その働きの強弱にしたがって、食の大小を定めるべきである。そのように食を慎む肉体労働者は、やがては肉体労働から解放されて立身出世する。

9. 乱心（精神疾患）の相があっても、常に食を正しく定めている者には、乱心が生じない

①乱心の相がある上に、食を定めなく、みだりに食べる者は、必ず乱心を生じ、低次

元の霊がつきやすくなる。

そういう場合には、日に3度の食事の他は一切飲食を与えず、これを100日間続ければ憑きものは落ちる。数年間にわたってそういう状態の者は3年間このような食事法を続ければ自然と治る。これは食事を厳重に定めることで、精神が正しくなり、肝気が治まるために治るのである。

10. 人格は飲食の慎みによって決まる

①人が貴く上品になるのも、人品が卑しくなるのも、皆、飲食の慎みによる。名僧知僧と言われる人が貴いのも、慎み深く少食にして、食べたいだけ食べるということをしないからである。たとえ博学の出家僧だといっても、食を慎まずに食べたい放題だとこの人を尊敬しようという気にはならない。

11. 酒肉を多く食べて太っている者は、生涯出世栄達なし

①酒肉をたくさん食べる者は太っているように見えるけれども、実はそうではない。酒肉のために血の量が増し、心気がゆるんでいるために太っているように見えるの

である。人は心気を本としている。心気がゆるんでいる者で出世栄達した者はない。

②大食をした後は気が重くなって眠くなる。目覚めた後も体がだるく、頭が重い。これらは皆、心気がゆるんで全身の肉がしまらなくなっているからである。よって身の程以上の大食をなす者は、生涯いい仕事はできない。

12. 高齢者の肉食は害が少ない

①かなりの高齢になれば体力が衰えるので肉食でそれを補っても害はない。しかし、節度をもって食べることが大切である。

②都会では美食や肉食が多く、動物を殺してその肉を食べる。そのため意識が傲慢になり、悪心が生じる。常に粗食に耐える者は万事控えめで、悪心が生じることがない。田舎や山村に悪人が少なく、都会に多いのはそのためである。

③鳥や魚も食物であるが、その命を奪って食べるのであるから、その報いを受けて、長命を短命に変える。しかし、肉食でも正しく、しかも少なく食べるときは、生命を養い、長寿を保てる。これは、鳥魚は人間に食べられることでその役目を果たすのであり、一種の慈悲行となるのである。

（水野南北著『相法極意修身録』（たまいらぼ）、佐伯マオ著『天才・偉人たちの食卓』より）

断食や生菜食をしていると、手相も変わってきます。生命線や運命線が伸びてきたりして、「運命が変わってきた」とわかるときがありますね。

宿便がたまっていると母指球のあたりが青ずんでいますが、断食をして宿便が出ると、きれいな肌の色になります。

手相で生命線が短かったりすると、気になりますが、努力によって変わることもありますのでチャレンジしてみてください。

背腹運動をするときに太ももに手を置いてしまいますが、そのときに、手のひらに縦の線ができるように置いてすると、運命線と生命線ができてくると言われています。

断食を21日間して、インド政府の決定が覆る

昔から、お願い事があるときには、少し食べ物を我慢する風習がありましたね。

茶断ち塩断ちとか、すごくお願いがある場合は、断食もしていたらしいです。

現代でも、前田行貴《まえだぎようき》（※１）先生が断食を成し遂げた功績があります。

前田先生は、１９６４年、インドのアグラという都市の世界的に有名な白亜の殿堂タージ・マハールの東１キロのところに救ライセンターを建設しようと計画されていました。当時のネール首相もこれに賛同し、建設予定地にはネール首相の名前が入った定礎石が置かれました。

救ライセンター創設のため日本でも募金を集めていた矢先にネール首相が突然心臓発作で急逝されてしまいました。すると次の教育大臣と環境大臣が、観光名所の近くにつくることに反対して、別のところに建設するように指示し、国会でも決めてしまったのです。

日本では、救ライセンターの建設についての募金のキャッチフレーズに「インドの政府が美しい大理石の殿堂タージ・マハールの近くに、百エーカーの土地を提供してネール首相の定礎石が置かれた」と書いていたので、これが変わってしまうと、インド政府と募金を集めている団体への不信感がつのって、うまくいかなくなる恐れが出てきました。

インドのデリーの新聞社は「移転は国会で決定した」と報じていましたが、日本の特派員には、その報道を止めてもらっていました。

前田先生はいよいよ切迫した状況になって、ネール首相の定礎石の前で静かに無期限のウポワズを行いました。ウポワズとは、サンスクリット語で断食のことです。ウポワズとは「来神に還る」という意義を持っている言葉です。

奇跡が起こったのは断食を始めてから21日目のことです。

当時のウッタル・プラデーシュ州の首相、スチャター・クリパラニィー、中央政府保健大臣スシラーナヤール、放送大臣インデラ・ガンディーの3氏並びにアグラ医科大学教授、学生たちの一致団結した応援とアピールによって再度国会で審議されて、定礎石は移転せずと決まったのです。ウポワズの目に見えないミラクルな偉大な成果です。

前田行貴先生には、甲田先生のところで一回お話を伺ったことがありました。

インドでは、「満月のときに断食をするといい」とされている、満月のときに受胎日になっていれば、両親になる夫婦はそろって断食をして性交をすると、「神のような子が授かると言われている」など興味深いお話を伺いました。

前田先生がお使いになっていた、ベットの下にひく交流磁気をセットするマットのようなものが、巡りめぐって、今、私の家にあります。不思議なご縁を感じます。

少食とは愛と慈悲の行為である

甲田先生がよく、「少食は愛と慈悲の行為である」と、おっしゃっていました。

甲田先生のお話を聞く患者さんは、本当は好きなものをいっぱい食べたいのに、病気になったので仕方なく少食とか断食とか生菜食をして治そうと思っている人たちです。

そして病気は、災難にあったように、偶然起きてしまったことのように思って、学校や職場の元気な人に比べて戦線離脱してしまった、弱い人になった気もしている患者さんです。

そういう患者さんに向かって甲田先生は、「もちろん病気は少食や各種療法で治っていくけれど、それだけでないんだよ。どう食事をとるかは、愛と慈悲を行うことだ」と高らかに言って、「一緒に愛と慈悲をしていきましょう」と教えてくださっています。

負け組になったような気持ちの患者さんをぐっと引き上げて、病気治しで仕方なくやっているというところから、「よし、勇み心を出して、頑張ろう」という気持ちにさせてくれるのです。そこが、甲田先生の素晴らしいところです。

お医者さんなので、「こういうふうに少食にすると、体にいいですよ」にとどまらず、行動を起こさせる心を奮起させ、よい方向にもっていこうと導いてくださったのです。

すこやかに老いたいと思ったら、腸の中は清くなければならない

日本は世界に類を見ない速さで高齢化社会になりました。2019年7月1日の推計人口によると65歳以上の人口は3580万人。人口の4人に1人は高齢者になりました。最近の調査では、寝たきり老人が200万人、その上、老人性認知症の患者さんも増えてきています。2025年には700万人、65歳以上の5人に1人が認知症になると予想されています。

そのとき、いったい誰が世話をしてくれるでしょうか。今から自分は認知症にならないぞと対策をしておかなければいけません。

テレビでは毎日のように、健康に関する番組をやっていますし、健康雑誌でも毎月何かやっていて、これだけやっていれば、皆さん相当健康になれそうな気がしますが、病院にはいつも患者さんがいっぱいです。

日本には、お医者さんが30万人もおられます。その他に、歯科医が10万人、薬剤師が30万人です。

美食・飽食によって腸管内に停滞する宿便が決定的な原因になっているにちがいないと確信しております。

「宿便こそが万病の元」と極言してもいいと思っています。

中国で古代から伝えられている「道書」の『抱朴子《ほうぼくし》』に次のような言葉があります。

欲得長生腸中当清（長生を得んと欲すれば、腸中まさに清かるべし）

欲得不死腸中無滓（不死を得んと欲すれば、腸中まさに滓《かす》なかるべし）

すなわち、**すこやかに老いたいと思ったら、腸の中は清くなければならない。**

また、**不老不死を得たいと思ったら腸の中に滓、つまり宿便があってはならない**ということです。

これは古代の中国で断食や少食といった貴重な体験を積んだ人々が、「宿便のないきれいな腸が健康長寿の秘訣である」との偉大な真理を感得されたということです。

少食で自分の体の細胞、37兆個への愛

身体の細胞は昔は60兆個と言われていましたが、研究の結果、２０１３年には37兆個に修正されました。１個の受精卵が46回分裂して、２７０種類の細胞になります。

人体の細胞に対する少食の影響を考えていきましょう。

少食によって完全に消化吸収された各種栄養素は37兆個とも言われる人体細胞に供給されることにより、それぞれの細胞組織も生き生きと働き、１００パーセントその生命力を発揮することができるでしょう。

ところが、もし過食しておびただしい栄養物が体内に吸収されると、各臓器はこれらの余剰栄養物の処理に追われて、過労に陥ってしまいます。

その結果、外に向かって発揮されるべき生命力を過剰栄養物の処理に使わなければならなくなり、大変なエネルギーを消費することになってしまいます。

大食して寝ると、朝早く起きることができなくなり、無理をして起きても、体がだるくて満足な仕事ができず、大変効率の悪い一日を過ごしてしまいます。

全身の細胞組織に対して、なんと無慈悲な行為をしてきたことでしょうか。

しかし、世間にはこのような無慈悲な行為を、相変わらず続けている人がいかに多いことでしょうか。

過食のために各臓器はその処理に追われて、それでもまだ処理できないものですから、汚れた血液がそのまま全身を循環することになります。こうして各臓器や組織に供給されるのですから、細胞たちにとってみれば実に迷惑なことでしょう。

だから、少食によって全身の細胞に清浄な血液を供給してやり、各細胞が本来の働きをフルに発揮できるようにしてやることが立派な愛の行為であると言えましょう。

腸内細菌の働きと、微生物への愛

少食は腸内細菌叢《ちょうないさいきんそう》にとって、健全な生存の場を与える重要な役割を果たしています。

私たちの腸管内には１００種類１００兆の腸内細菌が常に存在しています。

この細菌類の多くは宿主の人体と密接な関係を保ちながら共存共栄しているのです。

その種類や細菌の数はそれぞれの方の体質や腸内の環境によって違ってきます。

その腸内環境を左右する因子の中でも、食べ物が大きな影響を与えるのは容易に理解できるでしょう。

毎日の食生活の質や量の違いによって、便の匂いや色がいかに変化するか少し注意しながら観察していると、腸内細菌叢の働きが密接に関係しているのがわかります。

腸内細菌叢が健全で良好な状態を保っていると、人体に必要なビタミン類やミネラル類も産生し、人体に供給してくれます。

また、食中毒や感染症の原因菌が腸内に入ってきても、健全な腸内細菌叢がある限り簡単に繁殖できず、体外に排出されてしまいます。

このように**腸内細菌叢は人体の共同生存者であります。**

腸内細菌が常に快適に過ごせるように過ごすことが大切な養生法になります。

ところが、大方の人は、自分の食欲に任せて美食・飽食を続けて、大切な腸内細菌叢の生存の場を環境汚染してしまっているのです。このような食生活が腸内細菌叢にとっていかに無慈悲な行為か真剣に考えていただきたいと思います。

それは、腸内細菌叢だけではなく、人体に対しても悪い影響を及ぼす行為です。

美食飽食によって、不消化物が腸内に渋滞し消化不良になって有害な物質を発生させることにより、当然のことながら、有害菌と言われる悪玉菌が繁殖してくることでしょう。

それが原因になっていろいろな病気が出てくるわけです。

健康であるためには、腸内細菌叢もまた、健康でなければなりません。その必須条件に少食が含まれているのです。

地球を愛するのであれば、少食の実行を

文明の進歩に伴って世界人口が飛躍的に増えてきた結果、世界各国が食糧不足の問題で頭を悩ましています。食糧増産を目的とする開発が北極から南極までのあらゆるところで進められています。

食糧の大量生産を可能にするための機械化や、エネルギー消費などによって、地球の資源も容赦なく掘り起こされ、使われていますが、この地球の資源は無尽蔵ではないということが、最近になって本当によくわかってきました。

人工衛星の飛び交う上空から、母なる大地である地球を眺めてみると、今まで、無限大のように思われていたこの地球が、案外小さい惑星の一つであることを実感できるようになったからです。

この愛すべき母なる地球が今まで46億年もの間、大事に蓄えてきた大切な資源を無造作に使ってしまうことは極力避けたいものです。

今のようにいろいろな資源が乱用されることで、地球も泣いているのではないでしょうか。ある学者には、「人類が地球にとっては癌細胞ではないか」とまで言われているのです。

したがって地球を愛するのであれば、まず皆さんが少食を実行し、なるべく簡素な生活を旨とした新しい文化を、21世紀から建設してゆくことが大切ではないでしょうか。

少食で、飢えている8億2000万人への愛

2019年の国連の報告では、世界で77億人のうち8億2000万人の方が飢えて今にも亡くなろうとしています。9人に1人が飢えています。反対に8人に1人が肥満で

病気になって亡くなろうとしています。

少食によって節約した食糧で、飢餓に瀕している世界各地の人たちを救ってあげることができるのではないかということです。

現在アジア・アフリカ諸国などでは、何億という大勢の人々が食糧不足で飢えています。ときどき新聞やテレビなどで、飢えのためにやせ細って骨と皮だけのようになった痛ましい人たち姿が伝えられますが、本当にその哀れな状態は正視できないほどです。


地球村という小さな惑星の上に住む同じ人間でありながら、一方では過剰な栄養で病人が続出し、他方では、飢餓のために命を失っていくのです。

私たちは何とかして一日も早くこのような不平等を根源的に解決すべく努力しなければなりませんが、差し当たって、直ちに行える救助策として貧困国へ一食献上の供養を先進国の模範として、まずこの日本人が実行に移すことを提案したいと思います。

このことは、他の宗教団体でも行われており、供養として出される食糧や金銭も少なからぬ額に上っています。毎日いただく３杯のごはんを２杯に控え、残りの１杯を飢えに苦しむ人たちへの援助に回す。なんと美しい愛の姿ではありませんか。

しかも3杯のごはんを2杯に控えた者も、その少食によって、いっそう健康になってゆけるとすれば、これほど素晴らしいことはないでしょう。

少食で食糧危機に対処しよう／肉食半減キャンペーン

肉食は穀物の浪費につながります。300gの牛肉を生産するにはトウモロコシ2400gが必要とされ、カロリーにして約1万キロカロリーとなります。1人1日平均2000キロカロリー必要だとすれば、1万キロカロリーは5人分です。つまり、牛肉を食べると1人で5人分の食糧を消費しているわけです。

先進国の人たちがこのような贅沢な食生活を続けるとすれば、いくら食糧増産に力を注いでも食糧不足は避けられない大問題となるでしょう。

しかし、日本だけでなく世界のどの都会に行っても、食糧危機なんてまだずっと遠い未来のことだと言わんばかりの贅沢な食生活を大半の人々が楽しんでいるではありませんか。いつまでも、このような贅沢な食生活ができると思っていたら、食糧危機という大きなパニックが起こることは目に見えています。

凡夫というのは本当に自分の尻に火がついてくるまで、まだ大丈夫だという安易な考えで世を渡っているのですから、肉食を半減しようというキャンペーンも変わり者の叫びとしか受け取られないかもしれません。

しかし、アメリカではすでに、肉食を半減しようとするキャンペーンが環境保護グループによって進められています。このグループの目的は、食糧問題というよりは、地球の環境問題を解決するための手段として肉食半減という方法を採用しているのです。

世界各国が牛肉の消費量を50％に減らすことにより、地球の気温の上昇を防げるなら大変有効な手段ではありませんか。

大気中のCO_2増加によって起こる温室効果で地球の気温が上昇する結果、南極や北極の氷が解けて海水面が上昇するため、太平洋上に散在する島々をはじめ、日本の海岸線にある低地なども水没の危機を迎えるであろうと警告が出ています。

また気温の上昇が、世界各地での大干ばつや熱波などの異常気象を招き、そのため食糧生産に大きな障害を与えると予測されています。

大気中のCO_2が２倍になると、４大穀物の栽培適地が半減してしまうというのです。

つまり、世界の食糧生産が50％に減ってしまうということです。

世界の食糧生産が半減してしまう。これは、人類にとって大問題です。何がなんでもCO_2が増えるのを防がなければならない緊急事態に陥っているのです。

現在世界には牛が15億頭います。この牛が砂漠を拡大していきます。

牛の頭数を半分に減らすと牧草地が森林に変わるので、森のCO_2吸収量が13億トン増えるという計算が出されているのです。その上、牛の呼吸や飼料生産で使われる石油などから出るCO_2が2億トン、これも節約できるから、合計15億トンCO_2を減らすことが可能だというのです。

「霊性を高めたい」と願って生まれてきた私たち

霊性を開発していくと、目に見えない世界と近くなっていきます。

人はこの3次元の中で目に見えない世界を日常では感じずに隠された状態で生きていますが、死んでしまうと霊になり、実感がなく、霊的に自分と同じレベルの魂と過ごすことになるので、ある人は霊界は「天国で平和で愛にあふれた世界」だと言うでしょう。

そして、なんでも叶って「退屈な世界」とも言えます。

目に見えない世界には、地球に生まれて人間になって、実感を感じて、霊性を高めたいと切に願っている存在がたくさんいます。地球に「たとえ7日しか生きられなくてもいいから生まれたい」と切望している霊がたくさんいるそうです。

私たちは、地球に生まれて、お父さんとお母さんから生まれました。しかし、霊的な魂は、地球以外の別の星から来て地球人になった人が実に9割くらいいるそうです。

その魂の歴史を思い出した宇宙人を「ワンダラー」といいます。

そして、他の宇宙意識を持つ存在が一つの地球人のボディーに入って、交流している宇宙人を「ウォークイン」といいます。

また、宇宙人が地球人に化けて成りすましているのを「シェイプシフト」といいます。

次元とは一言で言うと、時空間における周波数帯の相異のことです。すべてのものは固有の振動数を持っています。

地球は3次元ですが4次元と重複しています。

1次元は、地球の中核に流れ込む直線状のエネルギーであり、求心性の力を持ちます。

2次元は、マントル部分から地殻、地表までの土と元素の領域。

3次元は、私たちがいるところ、直線的な時間認識を持つ物質性の世界。

4次元は、元型の領域。3次元という物質化を図るまでの想念領域帯。

5次元は、愛と創造性の領域です。

6次元は、形態形成場の領域です。エネルギーマトリックスの元型が生まれるのはこの振動帯で、神聖幾何学によって管理されています。

7次元は、銀河の中心から発せられるフォトン軌道を司る領域で、銀河の中心と同じ形質を保ちながら愛と情報を提供しています。

地球では時折アセンテッドマスター（イエス・キリストなど）として7次元からの使者が肉体を持ち現れます。大天使や菩薩はおおむねこの周波数帯に属しています。

8次元は、銀河の中心から発せられるフォトン軌道の形質的バイブレーションを保っている領域で、この銀河系におけるありとあらゆる構造性のもとを担っています。

9次元は、銀河の中心の次元であり、永遠の闇の中において永遠の光を発する物質性の根源となる次元です。

10次元は、物質銀河を超えた意識銀河の領域にあたります。物質性を持ってこの周波数帯を保っているのはアンドロメダ銀河です。

11次元も、意識銀河の中に属します。私たちの頭上を照らしている太陽の太陽意識がこの振動数になります。

12次元も、意識銀河に属します。星系ではアルクトゥールスがこの周波数帯です。

13次元は、さまざまな銀河を統括する中心波動のバイブレーションと同調しています。根本創造主はこの次元の深奥からすべてを創生創出しています。

「悟った人」とは今を100％生きることができる人

競争社会の３次元の地球に生きている私たちは、13次元を知ると、７次元のイエス様たちのところへ早く行かなくちゃなどと、思うかもしれません。

しかし、私たちの生きている２次元、３次元の世界は実感のある世界で、限られた世界で、生命のあふれる世界で、とても貴重な世界であることを忘れないでください。

この世界で感じられることは、貴重な体験です。

痛いということさえ貴重で、ふわふわした霊たちからすると、「あー、痛いを感じてみたい」と思っているかもしれません。今、ここを十分堪能して生きていってほしいです。私たちは平均80年くらい、ほんの短い間しか生きていないのです。

アセンションすることばかり考えないで、ときには、1次元2次元の世界にも思いをはせてください。

1次元は地球の中心。さまざまな宇宙の荷電粒子をずっと中心核にためながら、何億年も何十億年もずっと愛を放ちながら、この星すべてを愛したいと願っていた地球意識、ガイア、テラの意識です。

引力は、ガイアの愛です。

生物が集まって、拡大して繁栄するエネルギーは愛の命の営みです。

この地球の引き寄せる愛を感じてみてください。

命を失うと、木もだんだんすり減って、摩耗し、火に会うと燃えて灰となって、分解されていきます。石も摩耗して粉々になっていきます。

命のないものは時間とともに、小さくなっていきますが、命のあるものは、一粒のタネが芽を出し、根を出し、大きな草や木になっていきます。微生物も分裂して広がっていきます。

動物も人間も一つの受精卵から、分裂して人や動物になります。そして、集まって、助け合ってその生を全うするのです。

大きな地球の愛の上に、たくさんの生き物が生活できているのです。

2次元はマントル、地殻、地表、質量と密度のある世界です。そこには、たくさんの命の根、命のタネがあります。地表の実りある大地の中で、風となり、水となり、岩となり草花となり、この地球を潤しているのです。

3次元は、自分自身、自分の体を感じてみてください。今ここ、この美しい星とともに、愛のメロディーを奏でているのです。

4次元では、心の中で、嬉しい思いから、悲しい思い、怒り、寂しさ、さまざまな感情のタネが揺らめいています。

5次元になると、感情体の中から最も美しいとされる、理想や愛の世界になります。

6次元は、理想や愛の思念のタネのテンプレートのきれいな光の幾何学模様が折り重なっている世界。

7次元は、光そのもの。

8次元は、光の質です。

健康とはなんでしょうか？　肉体的には何も症状がなく、どこも痛くなく、どこも痺《しび》れたり、だるかったり、重かったりすることがなく、体がないかのように軽い状態で、やりたいことがなんでもできて、困っている人がいれば、自然に親切にできるのが健康な人だと思います。

心が健康な人は、迷いがなく、今を100%生きることができる人で、「悟った人」と言えるでしょう。悟りにもいろいろな段階があります。

社会的には、この世にあって、天国の状態になることです。

不思議な光が癒してくれたら、もう神様のとりこ

私の背中に甲田先生がいるようで、甲田先生をよく知っている人が集まったりすると、皆さん、甲田先生がエネルギー体になってそこにいらっしゃるように感じられるようです。

エネルギー体というのは気功の先生が作る気のボールのようなものでしょう。

私はビジュアルとして見えるタイプの霊能者でないので、見えないのですが、エネルギーを感じるので、そのボールみたいなものを手で捕まえて、甲田先生かなと思ったりしています。

私は鍼灸の治療を始めたときくらいから、治療のときに患者さんの頭のほうへ、

「世界人類が平和でありますように」

「日本が平和でありますように」

「この人の天命が全うされて、健康で幸せになりますように」

「この今日の治療がうまくいきますように」

などとお祈りしています。

ですから、１日平均20回くらいはお祈りしているでしょうか。

あるとき、五井昌久先生のところの会員さんが患者さんで来られました。その方も熱心にお祈りされていました。施術していると、ベッドの周りが白くなってきました。

そして、甲田先生のときのようにひときわ白いエネルギーを見つけて、その方の悪いところへ、押し込んでみました、五井先生のエネルギーをこの信心深い患者さんの悪い

ところへ流してあげたいなと思ったからです。

甲田先生が、病気を治すために少食療法をしなくてはいけないのに、なかなか守れない方に強くお勧めしたのが、五井昌久先生の世界平和のお祈りです。

世界平和のお祈りをすると、この宇宙を作った創造の神様と同じ思いになります。

創造の神様は、みんなの親ですから、自分の産んだ子供たちが兄弟仲良くしてほしいと思うのは当たり前のことだと思いませんか？

ですから、皆さんが「世界人類が平和でありますように」とお祈りするとき、神様がすっと寄り添ってくださるのです。それは、一瞬のことです。

初めて神秘的感動体験をしたら、光の存在がいることがわかり、神々しく、敬いたくなる、明るい、眩しい、温かい、優しい、美しい、幸せ、穏やか、懐かしい、嬉しいという気持ちが湧いてきます。この世でどんなに素敵な景色の場所に旅行に行ったとしても、あるいは世界一の男性、あるいは女性の恋人ができたとしても、こんなには感動できないと思うと思います。

こんな体験をしたら、もう神様のとりこです。

そのとき、体がつらくて、苦しかったら、楽になると思います。何か苦痛から解放されると思います。すごい苦痛が、一瞬で、不思議な光が癒してくれたら、皆さんならどう思いますか？　想像してみてください。

人によっては、いい匂いがするかもしれませんし、いい音楽が聞こえてくるかもしれません。神様が人の形で現れるかもしれません。声が聞こえて何か教えてくれたりするかもしれません。それは、受け取り手のタイプというか、能力によるかと思います。

どうしたらこういう感動的な神秘体験ができるかはわかりませんが、もしかしたら、あちらの神様側の都合で突然出てくるかもしれませんし、約束の時が来たのでということで、起こるかもしれません。

甲田先生は、「背腹運動をしながら、世界平和のお祈りをしたら」と提案しています。断食して瞑想して、お祈りしてもいいかもしれません。

私が思うのは、３歳ぐらいの子が、遠くのお母さんに向かって走っていくように、ただ、神様を求めるといいんじゃないかと思います。

あんまりお行儀よくしなくても、心が強烈に神様を求めていると、神様もお母さん的な心で、大泣きしている赤ちゃんをあやしに来てくれるのではないでしょうか。

断食とかして、命がけで、強熱に、無心に、お願いしている子は、無視できないのではないでしょうか。あまり計画的に神様に会ったとか、計算ずくで神様に会えたという話は聞いたことがないので、無邪気な存在が神様は好きなんだと思います。

そんなに神様を激しく求められない場合は、いつも、定期的に、自分のためというよりも、ほかの人のためにお祈りさせていただくと、習慣になって、自分の周りにいつも神様が来てくださると思います。

いつも神秘的感動体験が起こっていたら、もちろんおなかはすきません。胸がいっぱいで、おなかなんかすきません。感動で、どうしたらいいかわかりません。

しかし、いつもそんな体験をしているわけにはいきませんので、誰でも簡単に神様を感じられるようにするには、「世界人類が平和でありますように」とお祈りするといいと思います。

五井昌久先生の霊光写真

「五井先生の霊光写真」というものがあります。五井先生のお姿を写真で撮ったときに白く光って何も写らなかった写真です。私は霊光写真を家や鍼灸院の四隅に貼って、守っていただいています。結界《けっかい》です。

催し物で、その日限りの会場で、40分合掌行のワークショップをしたりするときは、この霊光写真を持っていって守っていただいています。

あるとき、たくさんの人が同時に来る催し物で、森鍼灸院のブースに書籍やグッズを並べ、霊光写真もお守りとして貼っていたのですが、ワークショップのため別会場に行ったとき、霊光写真をブースから持っていきました。

そして、帰ってきたら、残っていた店番のスタッフがみんな邪気にあたったのか、具合が悪くなっていました。

霊光写真の威力はすごかったんだと改めて思いました。

私たちはいずれは神様になる立派な魂

地球は愛の学校です。

地球に生まれてきた人はいろいろな愛を勉強するために、生まれてきたのです。

神様の光から生まれてきた霊は、赤ちゃんです。神様は赤ちゃんを育てることはできません。赤ちゃんは自分で育っていくしかありません。

地球はいろいろな魂が混じり合って、玉石混交で、天国では会えなかった人に会って、愛したり、愛されたり、愛を失ったり、楽しい思い、悲しい思い、悔しい思い、怖い思い、嬉しい思い、さまざまな思いを経験して、愛とは何かを学んで、愛を表現する存在に成長していくのです。

そして、地球から卒業すると、他の星の神様になるのです。

悪い人に見える人も、悪役をする役割だったかもしれません。その人もいずれは、神様になる魂なのです。今、悪くても、いずれは、みんな神様になる途中の人です。

地球を卒業する人がたくさん出てくれれば、地球は愛のオーラで光り輝く愛の星地球になり、たくさんの魂が他の銀河に羽ばたき、神様になっていくのです。
愛の星地球で学んだ愛を現すために、今は練習しているのです。

※1　**前田行貴**　1926年熊本県生まれ。熊本大学理学部研究科（植物生理生体学）修了。スウェーデン・ウプサラ大学留学（土壌微生物学専攻）、熊本大学理学部教官、インド・マハトマ・ガンディー大学教授、パンジャブ大学教授及び農学部部長を経てアジア救ライ協会総主事を歴任。日印教育協議会総裁。国際学究者アカデミー名誉会長。

著書に『緑なき大地』『キリスト教に与えた仏教思想』『インド再発見』『佛跡巡禮』『蓮と桜』『釈尊の国からきた神』『瞑想のヨーガ』『釈尊の食法とウポワズ』などがある。

第4章 運命を変えた甲田光雄先生との出会い／一日青汁一杯に至るまで

甲田先生と私の出会い

甲田光雄先生と出会ったのは、私が高校2年生の夏休みです。

そのころは健康だと思っていたのですが、伯母が甲田先生の療法を広めることに熱心で健康合宿を開いていたので、姪である私を誘ったのです。お年頃の私は痩《や》せられるかもと軽い気持ちで参加いたしました。

そのときの食事の基本は玄米五分粥でした。朝は青汁を飲み、昼食と夕食は玄米の五分粥と豆腐でした。その合宿の間、西式健康法の6大法則の平床《へいしょう》、硬枕《こうちん》、金魚運動、毛管《もうかん》運動、合掌合蹠《がっせき》運動、背腹運動を行って、温冷浴、裸療法、柿茶と生水を飲み、緩下剤のスイマグを飲んで便通をつけて排泄を促していました（詳しくは第6章参照）。足に脚絆《きゃはん》を巻いて2時間寝たりもしました。

朝昼晩と講義があっていろいろな体の勉強をしました。その中で前述した40分合掌行がありました。みんなで終わったあと手を合わせて気を点検していると、私の手からはものすごくたくさんの気が出ていて驚かれました。

その合宿には、甲田先生もお話に来てくださいました。２時間くらいでしたが、聞いたこともない内容ばかりで驚きました。

「断食をして宿便を出すと、難病も治っていく」と目をキラキラさせながら自信を持っておっしゃっていて、大変ひきつけられました。

甲田医院に入院して断食の体験をする

その後、私は高校の３年生の終わりに断食に憧れて、甲田医院に断食の体験で入院させていただきました。

断食というとイエス・キリストが荒野で40日断食して、悪魔の誘惑と戦ったとか、お釈迦様が５年間の修行の中で２か月くらい断食したとか、なんとなく、「断食をしたら悟った立派な人になれるかな」と期待していました。

でも、甲田医院に入院してみるとみんな普通の病人で、入院患者のほとんどが断食しているし、普通の病院の患者さんとは少し志が違うような気がしました。断食をしたからといって、急に悟ったりはしないものだなと思ったものでした。

そのころの断食は水だけの本断食で、3日間、5日間、7日間と行いました。そのときに、甲田先生の周りが光って見えていました。それが私がオーラが見え始めたきっかけだと思います。

断食をすると体の中の潜在的な病気の症状が現れてきます。それを瞑眩《めんげん》といいます。過去の病気や未来にかかる病気の症状が少し出てくる現象です。断食をすると何か隠れていたものが出てくるような感じがします。潜在的な心の中の記憶が現れてくることもあるようです。潜在的な能力も出てくるかもしれません。オーラが光って見える方は、心がきれいな立派な人のような気がします。なので、甲田先生は霊性が高い人ではないかと思います。

甲田医院は、普通の病院のようではなく、朝礼などがありました。甲田先生がお話をしてくださって、『如是我聞——五井先生の言葉』（高橋英雄編著）を板書したり、『凡庸の道』（大谷司間著）などを朗読したりしました。そして、みんなの前で健康観察をしたり、退院の日の朝には自分の体験記を読んで、皆さんとお別れをしました。

体験記はだいたい次のような目次です。これは、甲田先生がひな形を作っていて、それに沿って書いてきたら、添削してくださり、退院の日の朝に発表するのです。

―体験記―

1. 生い立ち
2. 誤れる食生活
3. 発病
4. 経過
5. 甲田療法、断食体験
6. 将来の夢

病歴が長いとかなりの長文になりますので、退院の前になると徹夜で書き上げる人もいたようです。

最初に、「今日から入院します」という自己紹介から始まりますが、この体験記を書くころになると、体はほっそりとして、顔はきれいになります。艶があって、白くなって、私はオーラがきれいになったと思います。

体だけではなく、「魂も断食をすると変わる」といつも思っていました。

そして、それぞれの方の体験記を聞いていると、考え方がすごく変わってきているなと思います。

ある若い男性は、病気をする前は、食べたいものを好きなだけ食べて、家族にも偉そうに暴言をはいて、死ねとか、ボケとか言いたい放題でした。でも病気になって困って甲田医院に来て、断食や療法を繰り返しているうちに、甲田先生のお話なども毎日聞いているうちに、「自分はなんて悪い人間だった」と気がついて、「申し訳なかった。ありがたかった」と涙ながらに発表していました。

病気を治しに来て、人が変わっていくのです。

難病が治ることも驚きですが、言うことも、考えることも、オーラも変わってしまうのです。甲田先生の言葉と雰囲気と断食が、人を変えることができるのです。

甲田先生は、阪大医学部を卒業したお医者様でしたが、検査もお薬も出さないので、偽医者でないかと噂《うわさ》されるほどでした。だから、断食の効果を科学的に説明しようと努力されて、あまり霊的な問題を本に著してはいらっしゃらなかったのですが、患者さんのオーラが見えていて、実際に入院するときと退院するときの変化をまのあたりにして、甲田先生は、「病気が治るのも素晴らしいけど、病気になって断食・少食で治したら、こんなにも人が変わるんだ。この人はこれから人生が変わるな。断食は素晴らしいじゃないか」と思われたに違いありません。

エドガー・ケイシーもリーディングのために断食をしていた

20世紀最大の霊能者、眠れる賢者と言われたエドガー・ケイシーも、リーディング（173ページ参照）の中でたびたび断食を勧めているようです。

断食は、臓器と組織の協調をはかり、同化と排泄を強めるエネルギーを身体に供給します。

混乱状態にある心を清めるためには、祈りの伴った断食が必要です。

また五井先生がおっしゃっているように、つまるところすべては思いにあって、それが毒素になる。

それを浄めるのは光＝「端座して実相を思え」でしかないということです。

断食をすることは、神の創造的な力が現されるために自分を低くすることです（自我を少なくする）。

食前に、食物に感謝し、祈ることで、たとえどんな食べ物であっても、体のためにうまく活かされます。祈りが食べ物の波動を変えるのは我々が体験し理解しているところです。

「口に入るものではなく、口から出るもののほうが、もっと大切だ」という聖書の金言を忘れることはできません。

というのも、口に入るものはついには体を通って排泄されますが、口を通して心から出てくるものは、それに伴って建設的、あるいは破壊的な力を体に伝えるからです。

排泄系の器官が重要なのは、それがデトックスを担っているからです。

病気の原因が体内の毒素で、それは血中に現れます。

それが主には腎臓や腸管、さらには皮膚や呼気からも排泄されるのですが、大半は尿や便で排泄されます。なかでも腸の働きは重要です。

こうした毒素は「滓《かす》」となって、血液中や身体組織の中にたまり、同化器官の意識がそうした「滓」によって妨害され、わずかながらも再生機能を損なわせ、こうして病気が始まるのです。

排泄機能の障害は、あらゆる病状の一部をなしています。

また、ケイシーのもう一つの興味深い考えは、「人は自分の住んでいるところの波動を伴う食物を消化する必要がある」ということです。

これは、身土不二の考えと同じです。

人間は永遠不滅の霊的存在であることを証明したエドガー・ケイシー

エドガー・ケイシー（１８７７〜１９４５年）とはどのような人物であったかと問われるなら、それは誰の目を通して答えるかによって、描かれる人物像はかなり異なったものになることでしょう。

家族の者にとって、ケイシーは誠実な夫、優れた父親でありました。また近隣の人々にとっては、日曜学校で聖書を教える熱心なクリスチャンであったでしょう。彼の仕事ぶりを知っている人々は、彼を腕の良い写真家として描くかもしれません。

しかし、現代に生きる私たちにとっては、彼は傑出した霊能力者として描かれることがもっともふさわしいといえます。

彼のことを一躍世の中に知らしめた伝記『永遠のエドガー・ケイシー』(トマス・サグルー、邦訳たま出版)によれば、エドガー・ケイシーは幼少期から類《たぐ》い希《まれ》な霊能力に恵まれていました。

その彼が24歳のとき、「治る見込みがない」と宣告された彼自身の病気を、驚くべき透視能力によって治癒せしめたのです。

彼は、ひとたび催眠状態に入ると、肉体を透視し、病気の原因やその治療法を述べることができたのです。依頼者がどこにいようと、名前と住所さえ与えられれば、彼らを診断し治療法を与えることができたのです。ケイシーのこの能力は後に「リーディング」と呼ばれるようになりました。

24歳から46歳までの22年間、ケイシーはこの透視能力をもっぱら病人の治療に役立てました。彼のもとにはさまざまな病気に苦しむ人々が訪れるようになり、ケイシーは彼らのために催眠状態に入り、彼らの病気の原因とその治療法を教え続けました。

彼の診断を仰いだ多くの人が、当時の医学において不治、あるいは難病とされていたにもかかわらず、ケイシーはそれらの疾病の真の原因を明らかにし、治癒させるのに必要なさまざまな方法をアドバイスしました。

そして、ケイシーのアドバイスに正しく従った人々は、例外なく治癒していったのです。

ケイシーが義務教育しか終了しておらず、しかも、一面識もない人たちの病状を直接会うこともなく正確に診断し、有効な治療法を与えることができたというこの事実だけをもってしても、これは今日の人間観・世界観の根幹を揺るがすものであるといえます。彼はこの能力を「神からの賜物」として受け入れ、20年以上にわたり、無報酬で病気の人々を助けました。

それまで病気の治療にのみ透視能力を役立てていたケイシーでしたが、46歳になると、その透視能力はあらゆる分野に向けられるようになり、科学者はそれぞれの専門分野に関するアドバイスを得、政治家は政策に関するアドバイスを、芸術家はインスピレーションを与えられました。

とりわけ、ケイシーは人間の本性が永遠不滅の霊的存在であり、魂の成長のために肉体に何度も生まれ変わることを明らかにしました。そして67歳で亡くなるまでの間に、記録に残るものだけでも1万4000件以上の催眠透視を行いました。

私の病気体験／脊髄小脳変性症という難病になってしまう

私は短大を卒業して、大阪の学校に就職して、半年くらいたったころに脊髄小脳変性症を発症しました。脊髄小脳変性症は、難病で1万人に1人くらいの発症率で、原因不明の治療法もない病気です。

脊髄小脳変性症は、中枢神経の小脳や脊髄、延髄、オリーブ核などが原因不明の理由で少なくなっていく、消えていく病気です。

私は、21歳のときにフラフラして歩けなくなる症状が出て、最初医師から「小脳失調症」という診断を受けました。

この病気は小脳の細胞が消えてゆく病気で、原因も治療法もわからず、そのまま小脳が消えてなくなるという難病で、医師から「寝たきりになることを承知しておいてください」「この病気には手立てはありません」と言われました。

家族に連絡したい、と医師に言われたのですが、「家族にこんな残酷なことは聞かせられない」と一人で悩んでいました。

甲田先生のことは知っていたので、診断を受けた時点ですぐ相談しました。先生は「ガスが脳に行っている」「治るよ」とおっしゃってくださいました。

甲田先生を心から尊敬していたので、先生にお任せするなら、死んでもよい、先生が脈を取ってくださるならこれ以上のことはない、と思いを定めて、甲田医院に入院しました。

一日青汁一杯に至るまで

入院当初は３歩歩いたら転ぶという感じで、甲田医院の床を這《は》っているような状態でした。階段も一人で登れません。入院患者さんにいろいろ助けていただきました。

それが24日間の「すまし断食」（２３８ページ参照）をしてからだんだん歩けるようになったのです。

24日間で体重が46kgになりました。甲田先生は体力をつけよう、と思われたんでしょうか、五分粥《がゆ》にハチミツなどをつけた「豪華メニュー」にしてくださったのですが、食べすぎてお腹が痛くなり、やめました。

「なんと吸収の悪いおなかやな」とおっしゃりながら甲田先生がメニューを工夫してくださって、ようやく1kg体重が増え、2回目、20日間の断食をしました。

これが終わるころ体重は41kgになっていましたが、すっかり元気になって普通に歩けるようになっていました。改めて「断食はすごいなぁ」と思いました。

しかし私の病気は進行性で、油断することができません。普通の食事に戻すことは危険と考えられた甲田先生は生の野菜と生の玄米を食べる食事で、火で調理されたものは食べない少食「生菜食《なまさいしょく》」（241ページ参照）のメニューに決められました。

2回目の断食で宿便が出たので、吸収が良くなり、甲田先生も「変わったなぁ」と驚かれていました。甲田医院入院後、2か月の間、生菜食を実行しました。

そして退院、生菜食を続けて半年で、かえって太ってくるようになり、それで食事量を減らすようになりました。

甲田先生は「5年間続けるなら、おいしいほうがいい」ということで、ハチミツや生玄米粉などを処方してくださったのですが、徐々にそれもやめてゆきました。

そのころは呼吸もよくなってきて、「痩せたいなぁ」という不純な気持ちもあって、日常の生菜食の量を減らしていったら、一日一食、野菜250gの青汁だけの仙人になったのです。その経過を記します。


1987年5月16日から通常の生菜食を始め、引き続き1991年1月から低エネルギー生菜食にしました。平均60キロカロリー。

その間に断食を繰り返し行い、現在のようになる。

1991年、200キロカロリー。

1992～1995年、150キロカロリー。

1996年～、50～60キロカロリー。

一日青汁一杯の現在に至る。22年間続いています。

いまは空腹感を感じることはありません。


医学書には「小脳失調症は発症から5年から10年の余命で治癒例はない」と書いてあります。それが進行せず、ついにはこのようによくなって、皆さんの前でお話しできる。

「甲田先生にいただいた命だなぁ」というのが感想です。

せっかく甲田先生にもらった命ですから、自分のためでなく、私と同じような病気の人や、若くして病気になって絶望の淵にいる人の役に立ちたい、という思いが強くなり、鍼灸の道を志しました。

少食で免疫力が正常化する

人間の体の中にはおおよそ10kgのたんぱく質があります。そのうち、200gが毎日作られたり、壊されたりしています。そして、最終的には1日80gのたんぱく質が尿素になって体外に出ることになります。

昔は尿素は尿として体外に排泄されると思われていましたが、腸管からも排出されて、腸内の細菌によってアンモニアになり、それがアンモニア利用細菌によって、アミノ酸になり、たんぱく質になることがわかってきました。

私の腸内細菌は、糞便培養の結果、驚くべき内容が明らかになりました。好気性菌

（大腸菌や腸球菌など）がなんと糞便１ｇあたり４０００個しかいないのです。

ところが、嫌気性菌はその１万倍もいるのです（健康成人では１０００倍）。

またクロストリジウム菌について、私の腸内細菌を調べていただいたところ、大変多く存在していました。

クロストリジウム菌という腸内細菌は、腸の中の特別な免疫細胞を生み出す働きがあります。これまで免疫細胞と言えば、外敵を攻撃するのが役目と思われていましたが、発見された免疫細胞は、その逆。むしろ仲間の免疫細胞の過剰な攻撃を抑える役割を持つことがわかってきました。その免疫細胞は、「Ｔレグ（制御性Ｔ細胞）」と名付けられています。

免疫細胞には、攻撃役とブレーキ役も存在していたのです。このＴレグの働きで、全身の各所で過剰に活性化し暴走している免疫細胞がなだめられ、アレルギーや自己免疫疾患が抑えられていることがわかってきました。

大事なＴレグが、腸内細菌の一種であるクロストリジウム菌の働きによって、私たちの腸で作り出されていることが、明らかになってきました。

クロストリジウム菌は、私たちの腸内の「食物繊維」をエサとして食べ、「酪酸」と呼ばれる物質を盛んに放出します。酪酸は〝免疫力をコントロールするような物質〟です。日本人の腸内には、長い時の流れの中で、食物繊維を好んでエサにするクロストリジウム菌などの腸内細菌が多く住み着くようになったと考えられています（海藻を分解することができる腸内細菌などは、日本人の腸に特有のものとして知られています）。

酪酸は、実は腸に集結する免疫細胞に「落ち着いて！」というメッセージを伝える役割を担っています。

クロストリジウム菌が出した酪酸が、腸の壁を通って、その内側にいる免疫細胞に受け取られると、Tレグへと変身するのです。もし腸内でクロストリジウム菌が出す酪酸が少なくなると、Tレグも適正に生み出されなくなると考えられます。

腸内でクロストリジウム菌が明らかに少なくなっている患者さんは、重症のアレルギー患者さんや、多発性硬化症の患者さんでした。腸内でTレグを生み出す働きが弱くなっている可能性が考えられます。

そのほかに私の体では、尿素窒素の再利用も行われていました。

尿素窒素の同異元素を飲んで、私の血液を2時間後、4時間後に採取して血液の中のたんぱく質になっているか調べたところ、普通の日本人では取り入れられてない尿素窒素が再吸収されて利用されていることがわかりました。

誰でもできる少食への道

少食を始める場合の注意点ですが、まず第一に、少食になってくるほどに食品の質が大きな問題になってきます。

少食でありさえすれば、何を食べてもいいというのではありません。ラーメン１杯、菓子パン１個だけで一食を済ましておくというようなことはやってはいけないのです。どうしても時間がなくて、たまに食べるというのであればやむを得ませんが、しばしば繰り返すことのないようにしていただきたいです。

こういった質の悪い食事を繰り返しているうちに栄養不良に陥り、女性なら貧血や無月経の症状が出てくるでしょう。だから少食主義の生活に入る場合は、品質の良い食品を選んで食べるように注意してください。

例えば、白米よりは玄米、白パンよりは黒パン、白砂糖よりは黒砂糖かハチミツ、大きな切り身の魚よりはゴマメやメザシなどのような小魚を丸ごと食べるようにすることです。また、野菜はできるだけ新鮮なもの、農薬や化学肥料などを使っていない自然農法や有機農法などによって生産されたものを選ぶようにしてください。

一般に出回っている加工食品のほとんどは、各種の添加物を使っておりますから、これらにも注意をはらっていただきたいです。

また、少食になるにしたがって、味覚が正常になってきますので、玄米飯にゴマ塩だけの食事が大変おいしくなり、他の調味料を使う必要がなくなります。

最近、レストランなどで出される世界の珍しい料理を見ると、実にさまざまな調味料が使われています。毎日腹いっぱい食べて、味覚も鈍麻した人たちにとっては、このような調味料で舌をごまかす必要があるのでしょうが、これは玄米にゴマ塩だけといった簡素な味の良さがわからないからです。

少食になり、食べ物の本当の味、つまり素味がわかるようになれば、複雑な調味料の味などかえって気持ちが悪くなるでしょう。

また、少食でも栄養豊かな高品質の食材を選べば、1日30品目を食べる必要はないのです。白米飯や白パン、大きな魚の刺身など、栄養の偏ったものばかりを食べるから、30品目の食材が必要となるのです。これは大変無駄な食生活と言えます。

玄米を白米にしてビタミンやミネラル、それに食物繊維などを失ったものを食べるということは、実に命を粗末にした食べ方ではありませんか。少食の生活に慣れた人は、白米よりも玄米のほうがはるかにおいしいと感じられるので、白米を食べる人の気持ちがわからないという声をよく聞きます。

だいたいにおいて、腹いっぱい食べたうえに、さらにおいしく食べようと調味料を使うのは、人間本位のエゴであって、食べられる動植物にとって、それこそ調味料の開発は命の殺戮《さつりく》促進剤とでも言えましょうか。

少食の実践効果

①寿命が延びる

②免疫力・自然治癒力が高まる

私が食べている生菜食をしていると癌や膠原病《こうげんびょう》リウマチの人が治っていくので、免疫力が高くなっていくのではないかと思い、ルイ・パストゥール医学研究センターの岸《きし》田綱太郎《だつなたろう》先生に血液の中のインターフェロンαを調べていただきました。

インターフェロンαの平均値は5000単位、糖尿病や慢性肝炎になると3000単位、癌やエイズになると1000単位になると言われています。

生菜食を数年している人の血液検査をしてみると、

1番Mさん　21692
2番Mさん　20277
3番Aさん　13880
4番Yさん　12612
5番Oさん　6390

でした。2番が私ですが、平均の人の4倍くらいです。

5番のOさんは、癌の方なので、1000くらいのはずですが、平均より上です。癌が治っているのもうなずけます。

各種動物の平均寿命とカロリー制限の効果　R．ワインドラック
「日経サイエンス」1996

種類	通常食		カロリー制限食		制限食で伸びた寿命（%）	
	平均寿命	最長寿命	平均寿命	最長寿命	平均寿命	最長寿命
ヒト	75年	110年	?	?	?	?
グッピー	35月	54月	46月	59月	158.8%	109.3%
ラット	23月	33月	33月	47月	143.5%	142.4%
サラグモ	50月	100月	90月	139月	180%	139%
ミジンコ	30月	42月	51月	60月	170%	142.9%
原生動物	7日	13日	13日	25日	185.7%	192.3%

動物では、小さい動物ほど、食事を減らすと寿命が延びていることがわかります。人間は、実験することができませんが、少食にすると若返ることが想像できます。

③若返る

少食にすると寿命が延びて、若返るというのは、基礎医学のほうでは、動物実験によって証明されています。

「不老長寿のカギを握っているのは『粗食』かもしれないと、米国の遺伝子研究が新事実を解き明かした。カリフォルニア大リバーサイド校のスティーブン・スピンドラー教授らは、老化が起きるのは遺伝子のスイッチの入り具合が変わるからとの考え方を示した」

という記事があります（次ページ参照）。

「腹八分に医者要らず」という諺《ことわざ》が、少しずつ科学的に裏付けられようとしています。

残念ながらいまだ動物実験のデータですが、傾向的にはヒトにも当てはまるでしょう。

＊　＊　＊

遺伝子情報はDNAに書き込まれているが、すべて働いておらず、スイッチが「オン」になってたんぱく質を作り出すものと、「オフ」の状態で何もしないものがある。「青年マウス」と「高齢マウス」の肝臓の細胞から、約1万1000種類の遺伝子を比べたところ、約1％の遺伝子の状態に差があった。

そのうちの46種類は役割が解明されており、炎症反応やストレス反応のほか、プログラムされた細胞死（アポトーシス）の抑制などに関係している20種類の遺伝子のスイッチは青年マウスで「オフ」、高齢マウスでは「オン」の状態だった。

反対に、アルツハイマー病にかかわりが深いとされる「アポリポたんぱくE遺伝子」をはじめ、DNA複製や異物代謝などに関連する26種類の遺伝子は、青年時代は「オン」で、年をとると「オフ」になっていた。

こうした遺伝子の働きの差が、老化に伴う癌や各種の病気の発病に関係していると考えられるようだ。

そのほかにわかったことは、「超高齢マウス」でも「粗食」にすると、19種類の遺伝子の発現状況が若返ったことや、生後まもなくからカロリーを控えて育てると、最長42～43か月の寿命が60か月まで延びた。

カロリーだけを減らし、「たんぱく質やビタミンなど他の栄養素は必要量をとることが重要」だと、スピンドラー教授は説いている。

（「不老長寿のカギは『粗食』／米国の最新遺伝子研究で新事実」Asahi.com　2001年12月）

第5章　誰でもできる少食への道

急激な少食は失敗のもと

さて、いよいよ少食の実践となりますが、いきなり急激な少食に入らないことです。例えば1日2500キロカロリー食べていた人が、急に1日1000キロカロリーの少食に入った場合、それがいつまで続くでしょうか。なかには意志の強い人もおられて6か月、1年と続けられる方もおられますが、それは本当にまれで、たいていの人は3か月、4か月が限度で、それ以後はでたらめな少食になってしまうのです。

想定した少食のほかにいろいろなもの、例えば、パンや煎餅《せんべい》、または野菜の煮物などをつまみ食いしてしまい、正しい少食が守れないという人が多いのです。

それどころか今までの少食生活の反動で腹いっぱい食べないと収まらないという人も出てくるわけです。

いや腹いっぱい食べてもまだ気持ちが治まらず、便所に行って一度全部吐き出し、それからまた腹いっぱい食べるということを繰り返す人もいるのです。

今、世間でよく問題になっている過食症の患者さんが、その例です。

若い娘さんは人間の食欲というものがいかに強烈なものであるかを知らず、ただ体重を減らしてスマートになりたいという想いで、食事を急に減らすために、悲劇的な結果を招くことになるのです。

人間の食欲というものは、そんなに簡単にコントロールできるものではないことをよくよく知っておかねばなりません。うっかり下手に抑え込もうとすると、それこそ恐ろしいほどの力で反発を受けるということがわかってきました。

しかし、一般の人々はそのようなことは知らず、甘い考えでダイエットを行うため、その後で大変な力で反発を受けて、ものの見事に失敗して泣かねばならないことになってしまうのです。

以上のことから、少食への道は慎重にも慎重に計画して進んでいくようにしていただきたいです。そこで、最もやりやすい方法は、ゆっくりと慣れていくことです。

5年、10年と見通しを立てて、ゆっくりと慣れていこう

少食への道は5年、10年と見通しを立てて、一歩一歩進むのが無難です。

例えば1年に200キロカロリーずつ減らしていくという方針で、進むとよいでしょう。毎年元日から、200キロカロリーを減らしたメニューに変えていく、あるいは半年ごとに100キロカロリー減らしてゆくのもよいでしょう。

毎年200キロカロリー減らしてゆけば、5年間で1000キロカロリーの減食になりますから、最初は2500キロカロリーの人も、1500キロカロリーの少食でやっていける体になるわけです。

この1500キロカロリーの少食生活がいかに快適なものであるか、これは実際にやってみた人でないと、味わえないものですが、本当に素晴らしい境地を覚えるのに違いないと思います。

また以下のような、進め方もあります。

①夜食をまずやめる
②間食、つまみ食いをやめる
③夕食を減らす
④朝食を減らす

⑤朝食を抜く
⑥昼食を少なくする

まず第一段階は夜食をやめることから始めてください。

夜食が健康上よくないことは、現代医学の医師たちもみな認めておられます。

肥満、糖尿病などの生活習慣病も、夜食がもとで発病してくることが多いのです。

また、朝食が食べられないとか、朝は食欲が出てこないという人たちを調べてみると夜食をしているとか、夜の食事が遅くて、それも腹いっぱい食べてすぐ寝るといった人が多いのです。したがって、夜食をやめて、夕食もできるだけ早く食べるようにするのが、健康上望ましいとされているのです。

その次は、間食、つまり食事の時間外にときどきおやつなどを食べる癖をやめることです。

間食は胃腸をはじめとする消化器に過酷な負担となり、また栄養過剰の原因ともなってくるものです。その結果、いろいろな病気の原因となってくるのです。

虫歯や歯周病なども間食が大きな原因の一つです。食後にいくら歯を磨いてもその後でまた間食をしていたのでは、何の効果もないではありませんか。

さて、夜食癖と間食の癖が改まるだけでも、相当な減食となりますが、その上に今度は夕食も少し減らすことにいたしましょう。

夕食を減らすと就寝前には少し空腹になってきます。この状態で寝ると、安眠、熟眠ができるのです。怖い夢もあまり見ないようになってきます。怖い夢を見るのは、夜食を腹いっぱい食べて寝た場合や、消化の悪い夕食を食べた後すぐ寝てしまう場合が多いので注意してください。

夕食を少し控えめに食べる習慣が身につくと、夜の安眠が約束され、次第に睡眠時間が少なくて済むようになります。しかも、朝の目覚めが大変よくなり、すっきりとした気持ちで起きることができるでしょう。

しかし、夕食を少し控え目にするのは、案外難しいものです。

たいていの家では夕食が一家団欒《だんらん》の楽しいときで、ゆっくりと落ち着いて食べるものですから、これを腹八分とか腹七分に控えるのがなかなかできないのです。腹いっぱい食べるのを一分だけ控えるだけでもいいですから、とにかく努力していただきたい。

朝食を抜くのは本当に悪いこと？

次は、朝食も少しずつ減らしてみてください。そしてやがては、朝食抜きの一日二食主義に入ってゆくことになります。

この朝食抜きについては、強い反発を感じる人が多いことと思います。当然です。それというのも「朝食は絶対抜いてはいけない」と、テレビや新聞で毎日のように専門家が警告しておられるからです。

「朝食を抜くのは健康上最も悪い食生活のパターンである。朝食こそは『金』で一日のうちで最も大切なものだ」と、繰り返し聞かされている一般の人たちにとっては、朝食を抜くなどもってのほかだと思われるにちがいありません。

夜食を腹いっぱい食べて、朝は食欲がなくて、朝食を抜いているような人たちを調査データに取り上げて、「朝食を食べていない人たちは、『全国学力学習状況調査』で低い成績が出ている」などと発表されると、何も知らない人々は、そのデータをそのまま信じ込んでしまうでしょう。

しかも朝食を抜いてからまだ日も浅く、朝食抜きの食パターンに十分適応していない人たちを朝食抜きの対象者に選び、朝食を食べている人と比較する場合もあるようです。これでは正しい朝食抜きのデータは出ません。

夕食を控えめに食べ、夜食もせず、熟眠できるようになった朝食抜きの人を選んで、朝食を食べている人と比較していただきたいと思います。

そして、「朝食抜きは健康上よくない」と主張している人たちは、何よりもまず、ご自分が3年くらい朝食を抜いてから、結論を出してくれと言いたいです。

自分が朝食を抜いたこともないのに、ただ文献だけを頼りに、「朝食抜きは健康上よくない」と主張するのは無責任ではありませんか。

文献にもいろいろなものがあって、それをすべて正しいと信じ込んでしまうのは、はたして本当に良心的な学者と言えるでしょうか。

どんなものを食べたらいいのか

し好品や小麦粉、乳製品、もち米をやめる

甘いもの、果物、コーヒー、緑茶、紅茶、ウーロン茶、アルコール、たばこ、小麦粉（パン、うどん、パスタ、お好み焼き、たこ焼きなど）、乳製品（牛乳、バター、チーズ、ヨーグルト）、もち米（赤飯、おこわ、餅、おかきなど）などをやめてみましょう。

青汁を飲む

５種類以上の野菜を１日２００ｇくらい、ミキサーかジューサーでジュースにして飲む。

胃腸の弱い人は、繊維をしぼってこして、汁だけ飲むようにします。

ミキサーで作る場合は、水を少し入れて、回します。

作ってから30分以内に飲むと、ビタミンや酵素が失われません。早めに飲みましょう。

野菜は、季節の葉野菜を用います。

使用する野菜は、小松菜、キャベツ、大阪しろな、コラード、ケール、べか菜、しゃくし菜、チンゲンサイ、ビタミン菜、マナ、大根葉、菊菜、チシャ、レタス、サニーレタス、チマサンチュ、ふだん草・うまい菜、ほうれん草、チャード、パセリ、セロリ、人参葉、サラダほうれん草、シソ、ミント、ハッカ、バジル、エンサイ、ステビア、ツルムラサキ、ミズナ、雪菜、山東菜、広島菜、タアツァイ、カブの葉、ミブナ、水前寺菜、ノラボウナ、サラダ菜、ユキノシタ、ハコベ、カツオ菜など。

ニンジン、大根、ビーツ、カブなど、根の野菜も半分（100g）くらい入れてもいいです。

ニンジンはビタミンCを壊すので、レモンなど酸のものを一緒にとりましょう。

青汁に柑橘を入れるとさわやかになって飲みやすいです。

リンゴは味をよくするために8分の1個程度入れてもいいです。

青汁はカリウムが多いので塩を一つまみ入れると、ナトリウムとカリウムのバランスが取れて味もよくなり、飲みやすくなります。

不向きな野菜はネギ類、ニラ、ワケギやタカナ、カラシナなど刺激性の強いものおよび野草、山菜など。

できるだけ農薬のない野菜を求めてください。農薬がある野菜しか手に入らない場合は、よく洗うこと。重曹を使って洗うなど工夫してみてください。

重曹での洗い方

重曹を使って野菜を洗う方法はとっても簡単です。

重曹を溶かした水に浸けておくだけ。

浸けるといっても、何十分も浸けてしまうと野菜本来の栄養素も流れ出てしまいますので、30秒から1分程度です。

【重曹を使った野菜や果物の洗い方】

①大きいボウルや鍋に水を入れ、小さじ1～2杯の重曹を入れて混ぜる

②野菜を入れて1分ほど浸ける

③水でよく洗い流す

家庭菜園ができる方は、ぜひご自宅で無農薬で野菜を作ってみましょう。ベランダで、

プランターでも、たとえパセリ一種類でも作ってみるといいでしょう。

農業と漁業は地球にタッチする生業です。できるだけ土に触って、微生物や虫と戯《たわむ》れてはいかがでしょう。心が癒されるとともに、免疫力もついてきます。

ＥＭ菌とは

私のところではＥＭ菌を使ったりして、楽しんで野菜を作っています。

ＥＭとは、農地や水環境の改善に威力を発揮する光合成細菌や、発酵型の乳酸菌、酵母など、人にも環境にも優しい自然界にいる善玉菌の集合体です。

これらの善玉菌を絶妙な比率でブレンドし、相乗効果を生み出したのがＥＭです。

１９８２年に比嘉照夫《ひがてるお》琉球大学名誉教授によって開発され、現在では、農業、畜産、河川浄化、健康など様々な分野において世界１００か国以上で使われています。

(https://www.emro.co.jp/dr-higa/)

スイマグを飲む

スイマグは緩下剤です。大腸には、便の水分を吸収する働きがあります。

大腸の中に便が長い間停滞するほど便の水分は少なくなり、硬く出にくくなってしまいます。スイマグ・エースは海水のエッセンスである苦汁《にがり》を原料とした塩類下剤に分類される医薬品です。

主成分の水酸化マグネシウムは、硬くなった便に水分を引き込み、水分を含んだ便は体積を増し、腸壁を刺激して大腸の蠕動《ぜんどう》運動（※注）を誘発。硬化して便渋滞を起こしたお腹に穏やかに作用し、気持ちのよい排便を促します。

また、水酸化マグネシウムはアルカリ性で、胃に入ると強酸性の胃酸を中和し、過剰な胃酸分泌によって悪化した胃の環境を改善する制酸薬としても働きます。

胃や腸などの消化器官をはじめ、体内循環を総合的に整えるお助け役として。

※注　蠕動《ぜんどう》は、筋肉が伝播性の収縮波を生み出す運動で、消化管などの中空器官で行われます。消化管の蠕動は、食物をある一定方向に動かすために行われます。

スイマグの飲み方

1．空腹時に、朝または夜に、よく振って、下に沈殿しているものを混ぜてから、コップに10～20cc程度入れて、生水（次ページ参照）を8分目くらい加えて、よく混ぜて飲みます。

2. スイマグは便を柔らかくする下剤なので、1日を通して、水分を1・5〜2リットルとるようにしましょう。

生水を飲む

生水の清水を飲みましょう。

湯冷ましは、酸素が少ない水になります。また、カルシウムやその他のミネラルの溶解がない水になります。水としても生化学的に変化しているのです。

膀胱炎《ぼうこうえん》や胆石や尿路結石など石ができやすい人や、生水を飲まない生活をしていた人が、生水を飲むように努力すると、体臭が消えていったりします。ということは、生水と火にかけた水は別物で、生化学的に著しい差があることを物語っています。

火にかけた水は、微量に含まれている有害な物質も濃縮されます。植物にお風呂の残り湯ばかりをあげていると、その植物は弱っていくと言われています。

とはいえ、都会では清水は入手しにくいもの。そこで、水道水を浄水器でこして、飲むようにしましょう。

その場合、塩素を取り除いているので、すぐに使い切るようにしてください。

市販されているペットボトルの水は、消毒のために加熱処理されている場合が多いので、生水とは言えないものが多いです。まれに「非加熱」と記載のあるものもあって、それは生水です。

生水を飲む効用は、枚挙にいとまがないほど多いです。血液循環を助け、リンパ液の活動を助け、体液を調節し、体内でのブドウ糖の生成、細胞の新陳代謝の促進、毛管作用の促進、内臓の洗浄、酸塩基の平衡を保つなどです。

生水を、ちびりちびり、一口ずつ飲むようにしましょう。いっぺんにコップ1杯など飲むと、水が胃腸に回らずに、すぐに尿となってしまうので、ゆっくりと飲みましょう。30分に30cc飲む気持ちでとりましょう。

柿の実と葉

柿は日本や中国、韓国などアジアで広く自生または栽培され、古くから利用されてきました。実（果実）の甘いものは甘柿、そして渋いものは渋柿と呼ばれ区別されていますが、渋柿も脱渋することで甘くなるので、ともに多くはそのまま食用に供され現在に至っています。

一方、柿の葉の利用は、いつごろから始まったのかは定かではありませんが、わが国で天保4年（1833年）に始まった大飢饉で農民が食べ物に困り、一揆《いっき》や焼き討ちが頻発したころ（天保10年）に発刊された山本安良《やまもとあんりよう》の『喰延食品《くいのばし》』の中に「柿葉、春若葉を採りて、茹でて食うべし。この品。酒毒を消し、暑熱、乾を止むる功あり」とあるので、実とともに葉を食用にした歴史は決してそれほど浅くはないものと思われます。

戦国武将、武田信玄が合戦に柿の葉を持っていったという言い伝えをはじめ、弥生時代の前記には、中国から伝わり食用はもちろんのこと、いろいろと用いられ、柿の木が栽培されていたらしい、など、古代から柿の葉の持つ効用は、日本では広く知られていました。

ビタミンが豊富な柿の葉茶

柿の葉茶の成分の特徴は大きく分けてビタミン、ポリフェノール、ミネラルがあります。その中でもよく知られているのがビタミンCです。

レモンの何十倍と言われていますが、他のビタミンＡＢＥＫが多いのも特徴です。

またビタミンの他に、特に注目するのはポリフェノールの種類とその効能です。昔から長く飲まれてる健康茶には、やはり理由がありそうです（出典：柿の葉茶の効能）。

柿の葉茶は酸性の飲み物として胃に優しく、ビタミンCはみかんや緑茶の30倍から40倍といわれており、たっぷりと含まれているので水分補給の飲み物として理想的なのです（出典：www.kaki-cha.co.jp）。

昔から親しまれてきた、季節の植物を使う薬湯を取り入れましょう。

冬の時期にふさわしいのが「柿の葉湯」。柿の葉湯はさら湯よりも肌のキメが整い保温効果が高まります。

柿の葉茶の効能

柿の葉フラボノイドの中で特に注目されるのは、アストラガリンと、イソクエルシトリンで、これらにはともに、抗酸化作用や、降圧作用があります。前者はケンフエロールの、また後者はケルセチンの配糖体です。ケンフェロールは、ブロッコリーや、春菊、レタスに多く含まれることが知られ、また、ケルセチンはほうれん草やキャベツのほか、セロリや、そばや、たまねぎなどに多く含まれていることが知られています。

水分を、一日1．5〜2リットルとる

一日の水分摂取量の目安は、1．5〜2リットルです。脱水症状を防ぐため必ず守るようにしてください。なお、水分は、水か柿の葉茶でとりましょう。緑茶はカテキンなどの有効成分があるものの、カフェインがきつく胃を荒らすのでいけません。

乾燥させた柿の葉を使った「柿の葉茶」に含まれるアストラガリンは、花粉症の症状を引き起こす炎症物質、ヒスタミンの発生を抑える働きがあり、鼻水や鼻づまりに効能があります。

また柿の茶葉はカフェインが含まれていないので、妊婦さんや赤ちゃん、幼児にも優しいのです。

森鍼灸院に来られる妊婦さんには、もれなく柿の葉茶をおすすめしています。

カフェインについて気をつけておきたいことがあります。

肝機能が低下している人などの一部において、コーヒーの摂取と関連する高血圧リス

クが高くなる可能性があります。

特にカルシウム摂取量が少ない人がカフェインを摂取した場合、カルシウムの体内からの排出率を増やすので、骨粗しょう症の発症の原因となる可能性があることのほか、妊婦においてカフェインの摂取により胎児の発育を阻害する可能性があります。

柿の葉茶の作り方

1. ７月から10月の緑の濃い柿の葉を使います。甘柿でも渋柿でもよい。午前11時半から午後１時半までの間にとり、よく洗って、２日間陰干しにします。
2. 乾いた葉を３㎜の幅に切ります。湯が沸騰してから、せいろに３㎝の厚さに重ねた葉を入れて、１分半蒸します。
3. 蓋を開けて、30秒うちわであおいでから、再び１分30秒蒸します。
4. 蒸し終わったら紙などに広げて、家の中で２～３日陰干ししてでき上がり。缶に入れて保存しておきます。

柿の葉茶の飲み方

1リットル用のガラス製のポットを用いる場合は手作りの柿の葉茶を7g入れて、70℃のお湯を注ぎ、作りおいて、一日中ちびりちびり飲みます。

または金属製ではない急須に入れて、普通にお茶を入れる要領で飲みます。

色が出ている間は飲めます。

市販の柿の葉茶を用いる場合、柿茶本舗の「柿茶」は本格派です。1パック4gなのでいいです。

注意

1. 柿の葉はアスコルビン酸なので、アルカリ性のお茶とは一緒に飲まないでください。40~50分は間をあけましょう。
2. 食事中は避け、食後は2~3時間あけて、飲みましょう。
3. スイマグとは一緒に飲まないで、最低30分は間をあけましょう。

断食リトリートの体験記

　実際に断食を体験された映画監督の白鳥哲さん、立命館大学の森裕之教授、K・Uさんのお話を紹介いたします。

食を断《た》つことで見えたもの――私たちの本質はエネルギーそのもの

白鳥《しらとり》　哲《てつ》（映画監督・俳優・声優）

　２０１７年４月25日から10日間、鍼灸師森美智代先生のご指導の下で断食を体験しました。

　２０１０年に劇場公開した映画『不食の時代～愛と慈悲の少食～』の制作中に、何度か半断食や甲田療法の金魚運動・毛管運動などを体験し、基本的なことは学習していたのですが、本格的な断食はこのときが初めてでした。

本断食への準備食。玄米クリームとお豆腐など

感動することばかりでした。

断食への準備1日目、食べることをやめて半日経ったお昼に準備食をいただきます。
玄米クリームと豆腐200グラム、昆布粉、ねりゴマ、梅干し、青汁……。

体に入ったとき、
「有難い」
と奥底から溢《あふ》れてきました。
そして、涙が溢れてきたのです。
命をいただく……その命の尊さが伝わってきたのでした。
私たちは大切な命をいただいて生かされてい

ることが、腹の底から感じられる経験でした。

それから、その日の午後、いつものように仕事で都内を歩いていると、見慣れているはずの道が普段とは違う光景に見えるのに驚きました。

建物や目を引く看板でなく、コンクリートの隙間から出ている道端の雑草に自然と目がいくのです。

「命の在《あ》りか」がよくわかるのです。

殊《こと》に驚いたのは、現代の生活拠点とも言えるコンビニに入ったとき、命が全く感じられなかったことでした。

準備食3日目になると、歩いている人の周りに〝色〟が見えるようになりました。

「あれ、この人の周りは黒々としている」

「なんでこの人は灰色なんだろう……」

このとき、気づきました。

意識には色がある……。

意識はエネルギーを持っていますので、そのエネルギーの持つ色が見えてくるのです。

どのような性質のエネルギー（意識）を持っているのかが、その色によってわかります。

それは、いわゆるオーラと呼ばれる生体エネルギーのことです。

このとき、映画『不食の時代』の中で森美智代先生が語られていた意味が、初めて腑《ふ》に落ちたのでした。映画を制作していた当時は、断食をすることで意識（エネルギー）が見えてくることを本当の意味で理解できていなかったのだと、このとき反省しました。

やがて、準備食4日目の朝、宿便が大量に出たのです。

びっくりしました。

私は粗食なほうですので、こんなにも体にため込んでいたのかと愕然《がくぜん》としました。

断食合宿の初日、伊勢神宮に正式参拝する

この日の準備食の内容は、クリーム玄米200グラム、梅干し、豆腐100グラム。準備食も本断食に向けてより量が少なくなってきていましたが、意外にも空腹に耐えられました。

むしろ体が軽く、その空腹感は居心地が良い感覚がするのです。

映画『不食の時代』の出演者の方々が口々に「体が軽くなる」と言っていたのはこのことだったのか、と深く理解ができました。

いよいよ、断食合宿の初日、伊勢神宮に正式参拝をさせていただきました。

そのお祈りの最中に気づいたことがありました。

生命が響き合っている……。

2012年に劇場公開した映画『祈り』の制作中から、毎朝、全世界の祈りを行うのが私の日課なのですが、この伊勢神宮でのお祈りは本当に意味合いが深く、魂にしみ込んでいくのを感じました。

〝祈り〟は〝命の響き合い〟なのだ……。

断食によって意識が明瞭になっていき、意識の世界で繋《つな》がり合う生命がまるでオーケストラのように響き合っているのがわかりました。

深く感動しました。

そして、この日から断食リトリート「あわあわ」での合宿が本格的にスタートするのですが、これがまた格別に素晴らしかったです。

本断食に向けて準備食を用意する

合宿中は、西式の健康体操や龍体文字のワーク、温熱風呂への入浴などを休みなく行い、断食は「動」の行であることを体感しました。

西式の健康体操には、金魚運動、毛管運動、合《がっ》掌《しょう》合蹠《がっせき》運動、背腹運動などがあります。これらの体操は、映画『不食の時代』の制作中に森先生役を演じていただいたタレントの山田まりやさんへの指導を通じ、もちろん知っていたのですが、実際に自分がここまでたくさん行うのは初めての経験でした。

最もつらく感じたのは「40分合掌行」でした。

頭の上で合掌したまま般若心経を繰り返し唱えるのです。

断食中なので運動がこたえるのはわかりますが、手を合わせ唱えるだけでこんなにもきつく感じるものかと、大変に感じました。

ただ、終わった後、全身に血流が回り、心の奥底が暖かく広がるのがわかりました。

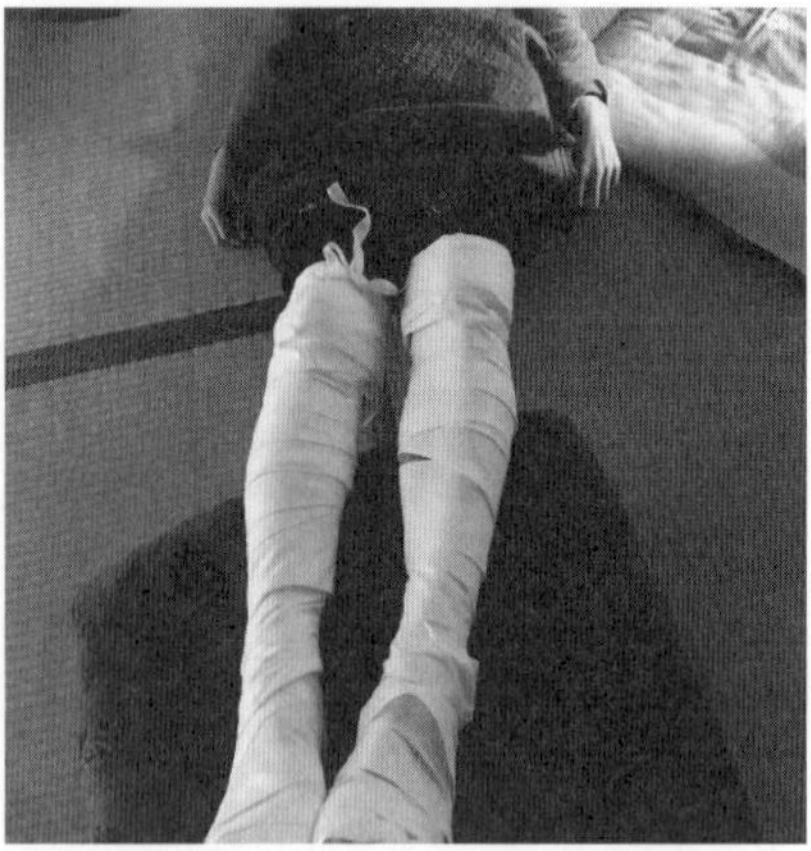

むくみや冷えが改善する脚絆療法

森先生が「誰でもヒーラーになれる」とお話しされていたことの意味が理解できました。合掌したまま般若心経を唱え続けると、全身に血流が巡り、体中にエネルギーが流れて満ちてくるのです。

その状態で病んでいる人に手当てしてあげれば、当然、熱エネルギーが身体に伝わり、癒しの力が増すだろうと思いました。


そして、面白かったのが足に脚絆《きゃはん》を巻いて台の上に載せる「脚絆療法」です。

足の裏から脹脛《ふくらはぎ》、太ももまで白い脚絆を巻いていきます。締め付けられるのが最初は苦しいのですが、それがやがて気持ちよく感じてくるのです。

そして、30分後、脚絆をとったときの心地よさはたまらなかったです。むくみや冷えが改善すると言われているのがよくわかりました。

そのほかに温冷浴も面白い経験でした。

40℃近い熱いお風呂と18℃くらいの冷たいお風呂、2つの浴槽へ交互に入り全身つかります。

毛細血管が拡張して全身の皮膚に血流が巡り、終わった後の清々しさは堪りませんでした。

本断食の2日目の朝、私は不思議な体験をします。

ホテルからリトリート施設「あわあわ」まで徒歩で10分以上歩くのですが、その道端で、「あぁ～あぁ～あぁ～」と小さな音なのか、声なのか、何か聞こえてきたのです。音のするほうに目を向けると、道端にタンポポが咲いていました。思わず、

「綺麗だね」

と声をかけたのです。

すると今度は、
「キャーキャー」と、小さな音（声）が、喜ぶ音（声）に変わりました。

私はこのときに気づきました。

言葉にはエネルギーがある。
そのエネルギーに命が反応するのだ。

感動しました。
私の言葉に小さな命が答えてくれたのです。

断食をして意識が明瞭になると、エネルギーの世界に対して繊細になっていきます。
繊細なエネルギーの世界でさまざまなやり取りがされていて、そのやり取りが物質的現象に影響を及ぼしているのです。

身体というレベルの先に、心、そして、魂の世界の領域があり、

それらは振動し合って、
響き合って、
物理的現象を起こしているのです。

命は尊くて、
愛に満ちた世界なのです。

本断食を開始して３日目の朝、激しい頭痛になりました。

いわゆる「瞑眩《めんげん》」です。

瞑眩とは、体が毒素を排泄するために行う好転反応のことで、私の場合、体にたまった毒素が頭まで上り激しい頭痛となったのです。

幸いその日、森先生が鍼灸をしてくださいました。

私の体のツボ数か所に、鍼治療をしてくださったのです。

断食を終えて、回復食をいただく

このとき、鍼灸師でいらっしゃる森美智代先生の真骨頂を見た想いがしました。
いかにエネルギーのスポットを見極めるか、そこを整えるために鍼灸がいかに大切な行為なのかを、断食をしてエネルギーに敏感になっていることもあり深く理解できたのでした。
そして、回復食を経て無事に断食を終えることができました。

断食を通じて、私たちの本質はエネルギーそのものであること、また、私たちの本質のエネルギーは響き合っていて、尊く清らかな存在であることが体験できました。

このエネルギーの源そのものを磨くことが、

人生の中でいかに大切であるか、そして食を断つことで見えてくるもの、霊性を磨く行為が断食であることに気づかせていただきました。

このような貴重な体験をさせていただいた森美智代先生に深く感謝申し上げます。そして、甲田光雄先生、西勝造先生に深い敬意と感謝をささげたいと思います。

ありがとうございました。

●**白鳥哲**　映画監督・俳優・声優。長年文学座の俳優として様々なテレビ、舞台、映画、声優として活動した後、アニメの声優の仕事をしながら映画監督として活躍する（現在は大沢事務所所属俳優）。

劇場公開映画：

『ストーンエイジ』《２００６年》

『魂の教育』《２００８年》

『不食の時代～愛と慈悲の小食～』《２０１０年》

『祈り～サムシンググレートとの対話～』《２０１２年》

『蘇生』《２０１５年》

『リーディング～エドガー・ケイシーが遺した、人類の道筋。～』《2018年》

『蘇生Ⅱ～愛と微生物～』《2019年》

映画『祈り』は、ニューヨークマンハッタン国際映画祭グランプリなど数々の国際映画祭で賞を受賞し、劇場上映期間3年3か月という国内歴代1位のロングランを達成。

最新作『蘇生Ⅱ～愛と微生物～』では、放射能やマイクロプラスチックの問題など地球規模の問題となっている環境危機の解決策を探って話題となった。

少食・断食で、ある日私の身体が金色に輝いた

森《もり》 裕之《ひろゆき》（立命館大学教授）

私は2001年の秋に甲田医院で1カ月半の入院をさせていただきました。当時の私は33歳という年齢でした。

この時期には、すでに甲田光雄先生は入院患者の受け入れをやめておられました。

その頃、私は自分の母の肝炎や幼い息子のアトピー性皮膚炎を甲田先生に治していた

だき、また、常識では到底理解できない奇跡的な治療実績を目の当たりにして、「この人類の叡智《えいち》である西式甲田療法を学ばなければならない」と強く思っていました。

甲田医院の仲間たちとともに、甲田先生の講演や講話へ足を運び、いわゆる「追っかけ」をしていた頃です。

２００１年の夏、岡山で甲田先生が講演された後、偶然にも私の車でご自宅までお送りすることになりました。その車中で甲田先生が突然私に、

「修行のために、私のところへ入院されませんか」

とおっしゃいました。

私はあまりのことに驚くと同時に、「ぜひお願いします」と即答していました。

私の甲田医院での入院は本当にぜいたくなものでした。

特別な場合を除いて、入院患者がいない中で甲田先生のご指導を受けることができるのですから、これほど素晴らしい時間はありません。私は先生の診察を毎日受ける中で、いろいろなことを学ばせていただくという至福の時に恵まれたのです。

私の入院中のメニューは、青汁、五分粥、三分粥、すまし汁断食、本断食、玄米粉、

生の発芽玄米で、甲田先生が私の状態を診ながら順番にご指示くださるというものでした。そのときにわかったのは、先生は患者の精神状態を実に的確に感じ取り、それに合った指導をされることでした。

例えば、私が本断食をはじめてからすぐに精神的に参りかかると、ただちにそれを見抜いてすまし汁断食へ戻されました。

少食・断食の効果の重要なメルクマールは宿便の排泄です。

私の場合、断食が終わってから生の発芽玄米を食べているときに大量の宿便が排泄されました。そして、その後に「超常」的な体験をすることになります。

その一つは、私の身体が金色に輝いたというものです。

ある日の早朝にベッドで寝ていると、光のまぶしさで目が覚めました。

その光は、なんと布団の中の私の身体から発せられていたのです。

もちろん、こんな経験ははじめてのことであり、光はしばらくすると消えたため、「夢だったのか」とも思いました。

しかし、そのあと朝の診察を受けるために診察室へ入った瞬間、甲田先生が「いま扉を開けたときに、金色の光がパーッと入ってきましたよ」とおっしゃったのです。

そのとき私には光は見えませんでしたが、甲田先生のお言葉で「やっぱりあれは夢じゃなかったんだ」と確信することになったのです。

これとは別の時期のことですが、甲田先生が座られているときに、金色に近い「もや」のようなものが先生の身体を覆っているのを見たことがありました。

これを森美智代さんに話すと、それがオーラであると教えてもらいました。


次のような体験もありました。私が入院中に自転車で自宅まで向かっていたとき、自分が幼い頃から現在まで出会ってきた人々の映像が、次々と頭の中に鮮明に蘇ってきたのです。それは、家族はもちろんのこと、親戚、近所の方、学校の先生、友達、その他さまざまな方たちとの時間の記憶でした。

それは「天啓」と表現するのがピッタリくるような状況でした。そのとき、自分がかくも多くの人たちに育ててきてもらったありがたさ、その人たちにきちんと感謝してこなかった自分に対する怒り、そのことをいま知ることができた喜びが、渾然一体となって湧き出てきて、涙がまったく止まらなくなったのです。

断食中はトランス状態になることがあり、それは私も経験していましたので、今回のものが明らかに違う次元のものであるという実感がありました。

その翌朝、甲田先生の診察を受けるために診察室へ入ったとき、私は昨日の体験を話そうとしながら子どものように泣きじゃくっていました。

先生は私の言葉にもならない話を聴かれ、「グローミューが健全になると心が綺麗になるんだよ」とおっしゃられました。

グローミュー（動静脈吻合《どうじょうみゃくふんごう》）は西式甲田療法において非常に重視されているもので、動脈と静脈をつなぐバイパスの役割を果たし、「潜在意識を司る」といわれているものです。甲田先生は長年にわたる経験を通じて、このように即座におっしゃったのだと思います。また、甲田先生は「いまご先祖様たちが本当に喜ばれていますよ」ともおっしゃいました。

私は先生のこのお言葉によって、自分がようやくまともな人間になれた気がしました。

甲田医院を退院する前日の夜、甲田先生は奥様をはじめ身近な方々を呼んでくださり、私に話をさせてくださいました。私は自分が書いてきた感謝の気持ちを読み上げながら慟哭《どうこく》していました。いい歳をした男が泣き叫ぶのを神妙に聴いてくださった皆さんのお姿は、いまでも忘れることができません。

甲田先生との出会い、西式甲田療法という人類最高の智恵、そして甲田医院への入院によって、私は世界一の幸福者になることができました。

私の入院経験はすべて神様の計らいであると信じざるをえないほど、どれも無駄なく組み立てられた一大叙事詩のようなものでした。

甲田先生から入院のお誘いをいただいたプロローグから退院のエピローグまでを振り返ると、本当に奇跡的なストーリーであったと思わざるをえません。

甲田医院を退院して以来、甲田先生のことを思い出さない日は一日たりともありません。人生の途上においてこのような偉大な師に巡り会えることは、一体どれだけ驚くべき確率でしょうか。

甲田先生は生前によく「法灯明、自灯明」の話をされていました。これは、「普遍的な教え（法灯明）と自分自身（自灯明）を拠《よ》りどころとして生きていきなさい」という仏教の言葉です。

甲田先生がいまもご存命であったらと何度思ったことか数えきれません。

そのたびに、甲田先生から学んだこの教えを思い起こして、自分を戒めなければならないと反省させられます。

また、甲田先生は「仲間の大切さ」についても繰り返し説いておられました。

それは、「この道を進むためには自分自身の力だけでは到底及びもつかず、そのためには仲間が不可欠である」という実践的な教えでした。

同じ志をもつ仲間たちと過ごす日々が、いつの日か再び私にかつてのような「天啓」をもたらしてくれるに違いありません。それが私を人間としてさらに高みにのぼらせてくれることを信念し、これからも西式甲田療法の修行の場に自己を置きつづけたいと思います。

妖精さんが私の断食を見守ってくれていました

K・U

私は三重県で生まれ、18歳まで故郷で過ごしました。現在55歳、家族とともに静岡で暮らしています。

今思えば、きれいな空気と水に恵まれた故郷での18年間は充実した日々でしたが、当時はなぜかよく金縛りに遭っていました。またUFOもよく見かけました。

元々、私はたくさん食べてもあまり太らない体質で、学生時代はもちろん、中年と呼ばれる歳になってからも、「今食べられるものはすべて食べ尽くす」という、少し卑《いや》しい考えが底にありました。

このため、食事の時間だから、お付き合いだから、そこに食べ物があるからと、空腹かどうかもあまり関係なく機械的に食べ、飲み続けていました。

もちろん、当時はそれが誤っていることとは全く思いませんでした。なぜなら親は〝もったいない世代〟。出されたものを残さず食べるのは良い子、という不文律に従って生きていましたから。

30歳を過ぎた頃から、どうも周囲の声が聞き取りにくい、という難聴の症状が出始めました。補聴器を使ったり手術をしたりでやや改善するも、今から3年前（52歳）に突発性難聴を患い、急転直下。伝音性難聴（音が小さい）に感音性難聴（雑音に聞こえる）が加わり、補聴器をつけても会話が難しくなりました。

また、この頃は、コレステロールや中性脂肪、尿酸値などの数値は、家族に言えないほどの悪いものでした（ちなみに〝家族に言えない〟というのは家族に心配をかけては申し訳ない、というような立派なことではなく、家で食事やお酒を制限されては困るから言わない、という意味です）。

3年前の体調急変後、主治医の先生から「もう治らんから」と冷たいお言葉を頂戴して、仕事も継続できず、人生の迷子になり始めていた矢先、森美智代先生の講演会に参加する機会があり、初めてお会いしました。

当日、森先生の講演はよく聴こえませんでしたが他の聴講者には大いに受けており、どんな内容なのかなという興味と、私の出身に近い三重県名張にお住まいということが近しく感じられ、後日森鍼灸院に伺わせていただくことになりました。ただし、断食だけは遠慮しようと思っていました（食べないと死んじゃうから）。

もし森先生から断食をすすめられても、丁重に、しかし断固としてお断りしようと心に決めていた次第です。

しかし、人間の固い決意というものは、これほどあっさりと崩れ去るものなんですね。森鍼灸院に初めて伺った日、スタッフさんから断食メニュー（玄米養生食＆西式健康法）をご指導いただきましたが、すべてがとても心地よい感じがして驚くほど素直に受け入れている自分がいました。

本当に意外でしたが、自宅に戻ってからも俄然《がぜん》やる気になり、断食をしばらく続けてみると検診の数値も改善、聴こえのほうも徐々にですが快方に向かい始めたのです。


ただ……情けないことですが、最大の敵は空腹感。昼間は動いていれば気持ちを誤魔化せますからまだいいんです。でも、夜がキビシイ。ほんとにキビシイ。

布団に入って寝ようにも空腹で寝付けないので、夜な夜なキッチンに出向いて冷蔵庫の傍の椅子に座って、断食はもうやめようかと自分に問いかける日々でした。

そんな折、ふと横を見ると、誰もいるはずのないリビングで、白くキラキラしたものがいます。１体か、ときに２体。焦点を合わせようとすると、ソファーの陰にすっと消えます。または煙のように上にふわっと上がって消えるのです。

いつもそんな感じで現れて消えました。

最初はついに断食の空腹で幻覚か、とかバカなことも考えましたが、決して悪い気配はなく、不思議と遭遇した後は爽快な気持ちになり、速やかに眠くなります。

後日、森鍼灸院のスタッフさんに話してみたら、即答で「妖精ですね」と。

なるほど！　妖精さんが私の断食トライを見守りサポートしてくれていたんですね。ありがたいことです。

妖精さんのお陰で「まさか自分が⁉」と思っていた断食も、今では自分のスタイルができたほどです。今度、また妖精さんに遭遇したら、きちんと顔を合わせてあの頃のお礼を言いたいと思います。でも、小さいオッサンみたいな顔だったらどうしようかな……（人のことは言えないかも知れませんが）。

第6章 体を浄化する少食・断食の実践／西式健康法

栄養の不完全が精神にも影響を与える

西武健康法とは、西勝造《にしかつぞう》氏が考案した運動療法のことです。

西式健康法には6大法則というものがあります。

西式健康法の6大法則のうち、平床《へいしょう》、硬枕《こうちん》、金魚運動の3つは解剖学的ゆがみ、背骨のゆがみの矯正をします。残り3つの毛管《もうかん》運動、合掌合蹠《がっしょうがっせき》運動、背腹《はいふく》運動は、生理的生化学的平衡を保つようにしたものです。生水を飲むことなどと合わせて皆密接に関係して総括的に健康に導くものです。

この6大法則は、毎日必ず行って怠らないようにしていただきたいものです（やり方は後述）。

また、西式健康法には4大原則があります。

それは、**人の健康は皮膚、栄養、四肢、精神の因子によって支配されている**、というものです。この4つがそれぞれ完全であって、初めて健康体と言えるのです。

特に大切な皮膚について説明します。人は衣服で皮膚を包みますが、包みすぎると肝臓が弱くなります。すると胆汁の分泌が衰え、腸の蠕動運動が鈍くなり、便秘に陥ります。便秘は、腸麻痺の原因になり、宿便をためることになり、宿便が停滞していると、脳に影響し、手足の働きに影響してしまいます。

手足の働きが鈍くなると、全身の血液循環が悪くなり、手足が冷えて冷え性になり、そして、それが腎臓を弱めて、心臓、肺、血管および全身に及びます。その原因は皮膚の包みすぎにあります。

西式健康法では皮膚の健康法として、「温冷浴」と「裸療法」を勧めています。

栄養が健康に関係があるのは当然です。人間は火を使って食べ物を調理するようになってから、ビタミンをはじめとする食物の栄養が破壊され、栄養不足になってしまいました。そのため、細胞が活力を失い、細菌に侵されたり、癌や筋腫《きんしゅ》ができやすくなったのです。栄養の不完全は、皮膚や手足に影響を及ぼし、精神にも悪影響を与えるようになってきました。また、食物が精製されて、白米、白パン、白砂糖を食べるようになると、栄養が不完全になり、さらに肉や魚の切り身を食べることによって、栄養の不足が出てくるようになりました。

食べ物を煮ると、食べ物のたんぱく質は2分の1に減ってしまい、塩分は4分の1になってしまいます。煮たり焼いたりする場合、生のときと同じ栄養分をとろうとすると、2倍4倍の食物を食べないといけなくなります。その上、食物は熱によって凝縮するので、それを解きほぐすのに消化器官は余分な仕事を負わされてしまいます。

食べる量が多くなると、その有害な副産物や残渣《ざんさ》処理に、肝臓や腎臓や腸が余計な仕事をしなければいけないのです。神経はそれだけ体に過労をしいるので、老化を早めることになるのです。

大切なのは、栄養は出すことを重視して、スイマグ（緩下剤）を飲むこと。

朝食抜きの一日二食にすることです。

断食をする

すまし断食　1日250キロカロリー

水しか飲まない本断食以上に宿便が排泄されやすいメニューです。

空腹感が少なくなり、リバウンドしにくいですが、塩分が多いので腸に癒着がある人、むくみやすい人には向きません。体重は減りにくいです。

材料
水3合　540cc
だし昆布　10g
干し椎茸　10g
醬油　10〜30cc
黒砂糖　30g

①3合の水に昆布、干椎茸を入れて数時間置く
②①を火にかけて沸騰直前に昆布と椎茸を取り出して、醬油を入れる。
好みで黒砂糖を入れる。黒砂糖は入れずに、別にかじってもよい。
これを1食として、1日2回とる。

寒天断食　1日250キロカロリー

初心者や腸に癒着がある人、腸閉塞、腸捻転の傾向がある人に向いています。黒砂糖やハチミツ、塩を入れて、脱力感や倦怠感を軽減します。

材料
棒寒天　1本半（粉寒天では10g）
黒砂糖またはハチミツ　30g
塩　5g

①棒寒天を使う場合は、水洗いしてから細かくちぎる。粉寒天はそのまま使う。
②鍋に3合（540cc）の水と①の寒天を入れて、しばらく浸して、その後ゆっくりと煮溶かす。ときどきかき混ぜながら、完全に解けたら、弱火にして煮詰めてできあがり。
③2合半くらいに煮詰まったら、ハチミツか黒砂糖、塩を入れる。
④熱いうちに、食べるか、冷まして固まったものを食べる。

寒天の中に黒砂糖を入れなかった場合は、ハチミツをかけたり、黒砂糖を一緒にかじったりしてもよい。これを１回分として、１日２回とる。

生菜食《なまさいしょく》をする

生菜食は、生の野菜と生の玄米を食べる食事で、火で調理されたものは食べない少食です。

癌や膠原《こうげん》病、リウマチ、脊髄小脳変性症、パーキンソン病など神経や筋肉の病気、緑内障や網膜の病気の予防と治療に効果があります。

生菜食Ａ　胃腸の丈夫な方

朝　なし

昼

青ドロ（ミキサーでドロ状に野菜をつぶしたもの）　２５０g

人参おろし　１２０g
大根おろし　１００g
山芋おろし　30g
玄米粉　70〜80g
豆腐　２００g

夕　昼と同じ

少食になるので、微量栄養素の補給のために、エビオス（整腸薬）を１回10錠１日２回とる。藻の一種をサプリメントにしたスピルリナを１回10錠１日２回とる。

生水は、柿の葉茶（２０６ページ参照）を１日１・５リットル程度とる。

水分は食前30分、食後２時間はとらないようにする。

便秘になった場合は、スイマグ（緩下剤）を飲むようにする。

生菜食Ｂ　胃腸の弱い方

朝　なし

昼

青汁　コップ１杯

人参汁　コップ１杯

ハチミツ　30ｇ

夕

青汁　コップ１杯

人参汁　コップ１杯

豆腐　３００ｇ

玄米粉　１２０ｇ

少食になるので、微量栄養素の補給のために、エビオスを１回10錠１日２回とる。

スピルリナを1回10錠1日2回とる。

生水は柿茶を1日1・5リットル程度取る。水分は食前30分、食後2時間はとらないようにする。

便秘になった場合は、スイマグを飲むようにする。

注意

◎生水を飲む。
◎柿茶を飲んでビタミンCをとる。
◎各種運動をする。

生玄米粉を中心とする生菜食

発芽玄米

玄米は、米が発芽することができるほど、直前まで生きていた、命として完全食品です。玄米を1日半から2日、水につけておくと、発芽玄米になります。

発芽玄米は、玄米が発芽して芽を出した状態のもので、栄養素が増して、柔らかくおいしくなったものです。

発芽玄米には、ビタミンB1、ビタミンE、イノシトール、フェルラ酸、アラビノキシラン、γ－オリザノール、マグネシウム、植物ステロール、ギャバが含まれていて、便秘の解消、血圧の改善、肥満の解消、貧血の改善、美髪効果、糖尿病の改善、有害物質の排出、血中コレステロールの減退、血糖値を下げる、腸内腐敗菌の活動を弱める、腎臓・肝臓・すい臓の働きをよくする、脳への血流がよくなる、アルコール代謝促進、体臭や口臭の改善、精神状態を安定させる、などの効果があります。

発芽玄米にすると、炊飯器でも玄米がおいしく炊けます。

ハイテク炊飯器である「なでしこ健康生活」は玄米をセットしておくと、発芽玄米にして炊いてくれます。

玄米ご飯の作り方（圧力鍋用陶器製内鍋・カムカム鍋の場合）

もちもちで柔らかくなります。

1．玄米は洗います。

2. 圧力鍋（カムカム鍋）に玄米1合に対して水1合入れて強火にかけます。
3. カムカム鍋の外に水1リットル入れて、おもりが回り始めたら、火を弱めて60分炊きます。
4. 火を止めて、そのまま蒸らしてできあがり。

注意

◎玄米は「うるち米」を使ってください。もち米はだめです。
◎天然塩の焼き塩を使ってください。焼き塩は天然の塩をフライパンで、弱火で10分焼いて作れます。
◎塩は1日10～15gとってください。少ないと消化が悪くなります。腹が張るときは塩を多めにとってください。
◎食前30分、食後3時間は、お茶、湯、水などはとらないようにしてください。

玄米クリーム食

玄米クリーム食には、玄米粉が必要です。これは生の玄米をすりつぶしたもの。玄米粉は粉砕機を使って粉状にするか、市販のものを使います。
市販の玄米粉は炒《い》ってあるので、炒ってあるものは使わないで、生の玄米を粉にしてあるかよくよく注意してください。市販の玄米粉は酸化しやすいので、早めに使い切って、保存する場合は冷凍してください。
生の玄米はミキサーでは粉にならないので、ミルで粉砕してください。お勧めの粉砕機：山本電気「NEWよめっこさんY－308B」。

玄米クリームの作り方

10～15分ができあがりの目安。

材料
玄米粉　70～80g
水　360cc

①鍋に水と玄米粉を入れて1時間以上浸す。

②①を最初は強火で、木べらで混ぜながら加熱する。最初から混ぜてないとダマになってしまうので、つきっきりで混ぜる。
③ぐつぐつ沸いてきたら、火を弱めて、焦げないように混ぜる。
④のり状になって、光沢が出てきて、少しくちゃっと柔らかくなったらできあがり。
⑤さらにおいしくするには、その後、蓋をして蒸らして、もう一回弱火で温め直すとよい。

玄米クリーム食は、胃腸の弱い人、胃炎、胃潰瘍《かいよう》、十二指腸潰瘍、潰瘍性大腸炎、クローン病、下痢をしている人、風邪などで食欲がない人などによい。

朝　青汁　コップ1杯

昼
玄米クリーム　生玄米粉　70～80gで作る（玄米クリームの作り方参照）
豆腐　200g

夕　昼と同じ

このほかには食べないこと。

塩分10gとして塩、醤油、梅干しなど適当にとる。

少食になるので、微量栄養素の補給のために、エビオスを1回10錠1日2回とる。スピルリナを1回10錠1日2回とる。

生水は柿茶を1日1・5リットル程度とる。水分は食前30分、食後2時間はとらないようにする。

便秘になった場合は、スイマグを飲むようにする。しかし、潰瘍性大腸炎やクローン病のように出血がある人は、スイマグはとらないようにする。

少食法の基本メニュー、玄米養生食

玄米クリーム食魚付き

胃腸の弱い人、胃炎、胃潰瘍、十二指腸潰瘍、体重が非常に少ない人で、癌やアレルギーがない人で下痢をしている人、風邪などで食欲がない人などに。

朝　青汁　コップ1杯

昼

玄米クリーム　生玄米粉　70〜80ｇで作る（玄米クリームの作り方247ページ参照）

豆腐　200ｇ

白身の魚の煮つけ　100ｇ

夕　昼と同じ

このほかには食べないこと。

塩分10gとして塩、醬油、梅干しなど適当にとる。

少食になるので、微量栄養素の補給のために、エビオスを1回10錠1日2回とる。スピルリナを1回10錠1日2回とる。

生水は柿茶を1日1・5リットル程度とる。水分は食前30分、食後2時間はとらないようにする。

便秘になった場合は、スイマグを飲むようにする。しかし、潰瘍性大腸炎やクローン病のように出血がある人は、スイマグはとらないようにする。

玄米五分粥食

食欲がないとき、熱があるとき、高血圧や糖尿病、瘦せたい方に。

朝　青泥または青汁

昼

玄米五分粥

豆腐　２００g

薬味、トッピングにネギ、昆布粉、絹こしゴマ（黒）をスプーン１杯程度入れる

梅干し１個

夕　昼と同じ

このほかには食べないこと。

便秘をする場合は、スイマグを飲む。

長期間少食になるので、微量栄養素の補給のために、エビオスを１回10錠１日２回とる。スピルリナを１回10錠１日２回とる。

玄米五分粥おかず付き

食欲がないとき、熱があるとき、高血圧や糖尿病、痩せたい方に。

朝　青泥または青汁

昼

玄米五分粥

豆腐　２００g

おかず煮物１皿　１５０g～２００g

（野菜・海藻・きのこ・豆類などを、塩、醤油、みりんなどで味付けする）

薬味、トッピングにネギ、昆布粉、絹こしゴマ（黒）をスプーン１杯程度入れる

梅干し１個

夕　昼と同じ

このほかには食べないこと。
便秘をする場合は、スイマグを飲む。
長期間少食になるので、微量栄養素の補給のために、エビオスを1回10錠1日2回とる。スピルリナを1回10錠1日2回とる。

玄米普通食　ご飯に豆腐以外のおかず付き
食欲がないとき、熱があるとき、高血圧や糖尿病、痩せたい方に。

朝　青泥または青汁

昼
玄米ご飯（1日1合で1回75gの米で）
豆腐　200g
おかず煮物1皿　150g～200g
（野菜・海藻・きのこ・豆類などを、塩、醤油、みりんなどで味付けする）

夕　昼と同じ

このほかには食べないこと。

便秘をする場合は、スイマグを飲む。

長期間少食になるので、微量栄養素の補給のために、エビオスを１回10錠１日２回とる。スピルリナを１回10錠１日２回とる。

四肢の健康

西武健康法の４大原則は「人の健康は皮膚、栄養、四肢、精神の因子によって支配されている」というものでした。そのうちの四肢について説明します。

四肢、特に足は人体の基礎です。足から上の体がどちらかに傾斜すると、背骨は複雑に湾曲し、椎間《ついかん》軟骨は楔《くさび》状をしているため、曲がる内側では椎間孔から出る神経と血管が圧迫を受けて、麻痺や循環障害が起こります。これにつながる内臓や皮膚や筋肉が不具合を起こします。ひどい場合は精神に異常をきたす場合もあります。

手が故障を起こすと、肺や脳髄、ひいては心臓、咽喉、血管に故障を生じます。

四肢の健康のために、また、足の故障を治すのに、毛管運動、芋シップ、脚絆療法、合掌合蹠運動があります。

精神の健康

「皮膚、栄養、四肢、精神の4大原則」は、ともに重要な因子であります。特にこれを統率するのが精神です。したがって、精神上の障害があれば、皮膚、四肢、栄養にも影響を及ぼします。

西式健康法では、精神の健康のために行う背腹運動のときに「良くなる、能くなる、善くなる」と言うと、潜在意識に働きかけて「運命が好転する」と言われています。

西式健康法の6大法則

平床《へいしょう》（硬い板の上に眠る）

西武健康法の６大法則は、平床、硬枕、金魚運動、毛管運動、合掌合蹠運動、背腹運動であると申し上げました。

西式健康法では、寝るときには、硬い板の上に眠ることをお勧めしています（２５９ページ図参照）。板の上で眠ることによって、脊柱の前後のゆがみを矯正します。

人は立つと、背骨はＳ字状に湾曲しますが、板の上に眠ると、その湾曲が矯正されます。夜に板の上に寝て、少し縮んだ身長を元に戻すと、朝が一日で一番背が高くなっています。

甲田先生は84歳で亡くなるまで、20歳代と同じ身長であったそうです。小さいお婆ちゃんや、小さいお爺さんにならないように、腰が痛くなったり曲がったりしないように、若いうちから板の上で眠れるようにしておきましょう。

１㎝くらいの厚みがある板を、畳の上やフローリングに敷いたり、ベッドの上に敷いて寝ましょう。

掛け布団は、どんなものでもいいです。

寒いときは、タオルケットや温かいシーツを敷いてもいいです。柔らかい布団やベッドに寝ていると、お尻が重みで沈み、腰が曲がったままになり、腰のゆがみがいつまでも取れません。

ところで、布団のダニの数は、平均数十万匹／㎡。畳のダニの数は、平均5万／㎡匹、床は平均35匹／㎡です。ダニがアレルギーの原因になっていることもあるので、板の上で寝て症状がよくなる方もおられることでしょう。

硬枕《こうちん》（半円形の木の枕）
眠るときには半円形の木の枕を首に当てて仰向けに眠るようにします（次ページ参照）。ゆがんだ頸椎《けいつい》を、自分の頭の重みで6時間くらいかけてゆっくり伸ばして治していきます。首の悪い方は、この木枕が痛くて、手がしびれるなどの症状が出るかもしれません。
そういう方は、昼間に10分間くらいから木枕をする練習をして、だんだん長い時間仰向けで眠れるように練習していきましょう。最後には、一晩眠れるようにしましょう。

平床／硬枕

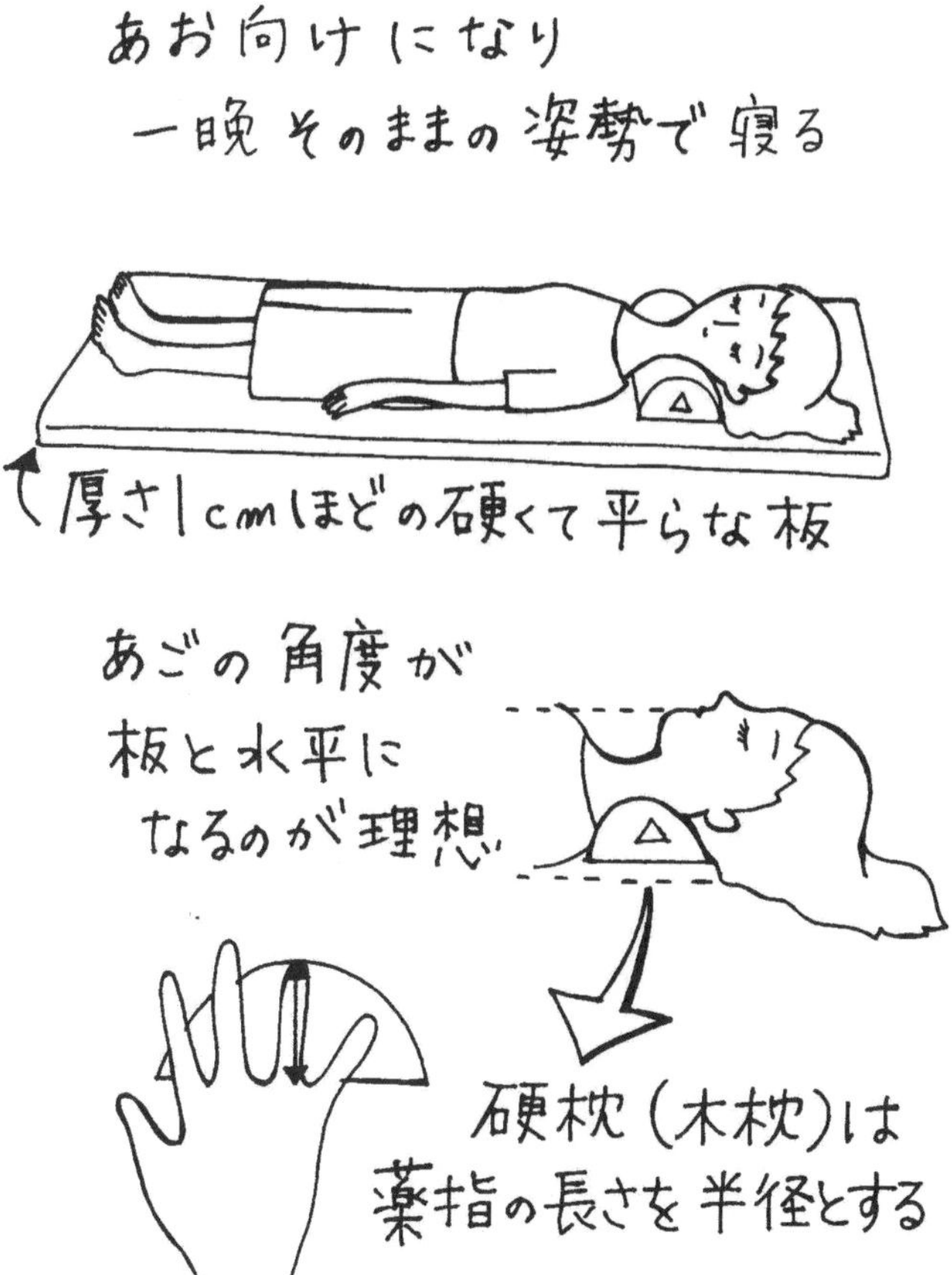
あお向けになり
一晩そのままの姿勢で寝る
厚さ1cmほどの硬くて平らな板
あごの角度が
板と水平に
なるのが理想
硬枕（木枕）は
薬指の長さを半径とする

木枕は横向けに使ったら、かえって首がおかしくなるので、横になりたい場合は木枕を外して、別のものをつけるようにしましょう。

肩から後頭部の間の一番隙間が空いているところに当てるようにします。首の後ろは、頭には頸動脈と椎骨動脈で酸素と栄養が運ばれます。静脈と小さな血管しかありませんから、血が止まるような心配はありません。むしろ静脈の血が早く心臓に帰って脳の血流がよくなるので、「木枕は頭がよくなる」と言われています。

そんなに太ってもいないのに、睡眠時無呼吸症候群と言われていて、眠っているあいだに呼吸が止まる方の中には、鼻が詰まっていて、呼吸が難しくてそうなっているケースがあると思います。そういう方は、木枕をして、鼻の通りをよくし、気道も確保できるようになると、眠っている間に呼吸が止まることもなくなるでしょう。

朝起きるときに、肩と首と手が痛いという方も、寝ているときの首の形がゆがんで神経を圧迫しているので、木枕を使って正しい形に直すことができます。

寝相が悪くて一晩仰向けでいられない人は、寝る前に金魚運動や毛管運動などの健康体操を一通りして、体のゆがみを取ってから寝ましょう。すると、これ以上体のゆがみを取らなくてもいいので、朝までお行儀よく寝ることができます。

横を向いて寝る人の中には、肝臓が疲れていて、右を上にして、少しでも肝臓に重みがかからないように眠る癖の方がいます。すると左肩が体重で圧迫されて、前に曲がって、五十肩になって痛くてたまらなくなるのです。

こういう方も、仰向けに寝られるようになると、肩の痛みがなくなってきます。

腎臓が悪い方はうつぶせに寝て、少しでも腎臓が体の重みから解放されて働けるようにしていたりします。そういう方は、昼間は腎臓が肝臓の下にあって圧迫されて働きにくく、夜に元気に働けるので、夜中に排尿がたくさん出て、トイレのために再々目が覚めるのです。

朝起きるときは、金魚運動（263ページ参照）、毛管運動（267ページ参照）、合掌合蹠運動（270ページ参照）、背腹運動（272ページ参照）とだんだん起きていくように運動をして、夜就寝前には逆に、背腹運動、合掌合蹠運動、毛管運動、金魚運動というようにだんだん眠るように運動をしていきましょう。

木枕のサイズは、自分の薬指の長さが、半径、高さになるものを選びます。

仰向けに寝て、枕を当てて寝たときに、後頭部が少し浮いて、顎《あご》の角度が床と平行になるようなものを選びましょう。顎が下を向いているようならば、大きすぎで、上を向いているようならば、小さすぎになります。

木枕を使うと頭が少し浮いて涼しく熱がこもらないので、頭寒足熱になって、安眠につながります。普通の柔らかい枕は、頭に熱がこもるのでよくありません。

車の運転などで首がこっている場合や、パソコン作業で肩こりや首こりがある場合など、木枕をしていると凝りがほぐれて気持ちがよくなるでしょう。

初めは木枕が硬いとか、痛いとか思っていても、だんだん気持ちがよくなって、海外に行くときにも、カバンの中に入れて持っていくという人もいます。

また、エドガー・ケイシーのリーディングの中では、統合失調症の原因の半分は「背骨のゆがみが原因」と言われています。

心の病気の予防と治療にも、板の上で寝て、半円形の木の枕で寝ることをお勧めします。

子供さんや首のゆがみがひどくて寝られないという方は、硬い丈夫な布で長いお手玉のような円柱状の袋をつくり小豆《あずき》をパンパンに詰めて、木枕の代わりに使ってもいいです。

金魚運動

平らな床で寝て脊柱の前後のゆがみを取り、硬枕によって頸椎のゆがみを取ったら、その次は金魚運動によって脊柱の左右のゆがみを取ります（次ページ図参照）。同時にこの運動は、腸の蠕動運動を促します。

仰向けに寝て、背骨をなるべくまっすぐにして、足先をそろえて、アキレス腱を伸ばして、足を直角にします。

足の後ろ側をピンと張って、両手を組んで、首の後ろに当て、肘を床につけるように、胸を開いて肘で左右に体を揺らします。1日3回1回2分程度行う。

このほか、**膝立て金魚運動**（265ページ図参照）は、膝を立てて、膝を左右に倒します。踵《かかと》をそろえて、臀部《でんぶ》につけるようにして行います。腰椎の矯正、緊張した筋肉を緩め腰痛予防に効果的です。1往復を1回として、1日100～300回やってみましょう。

金魚運動

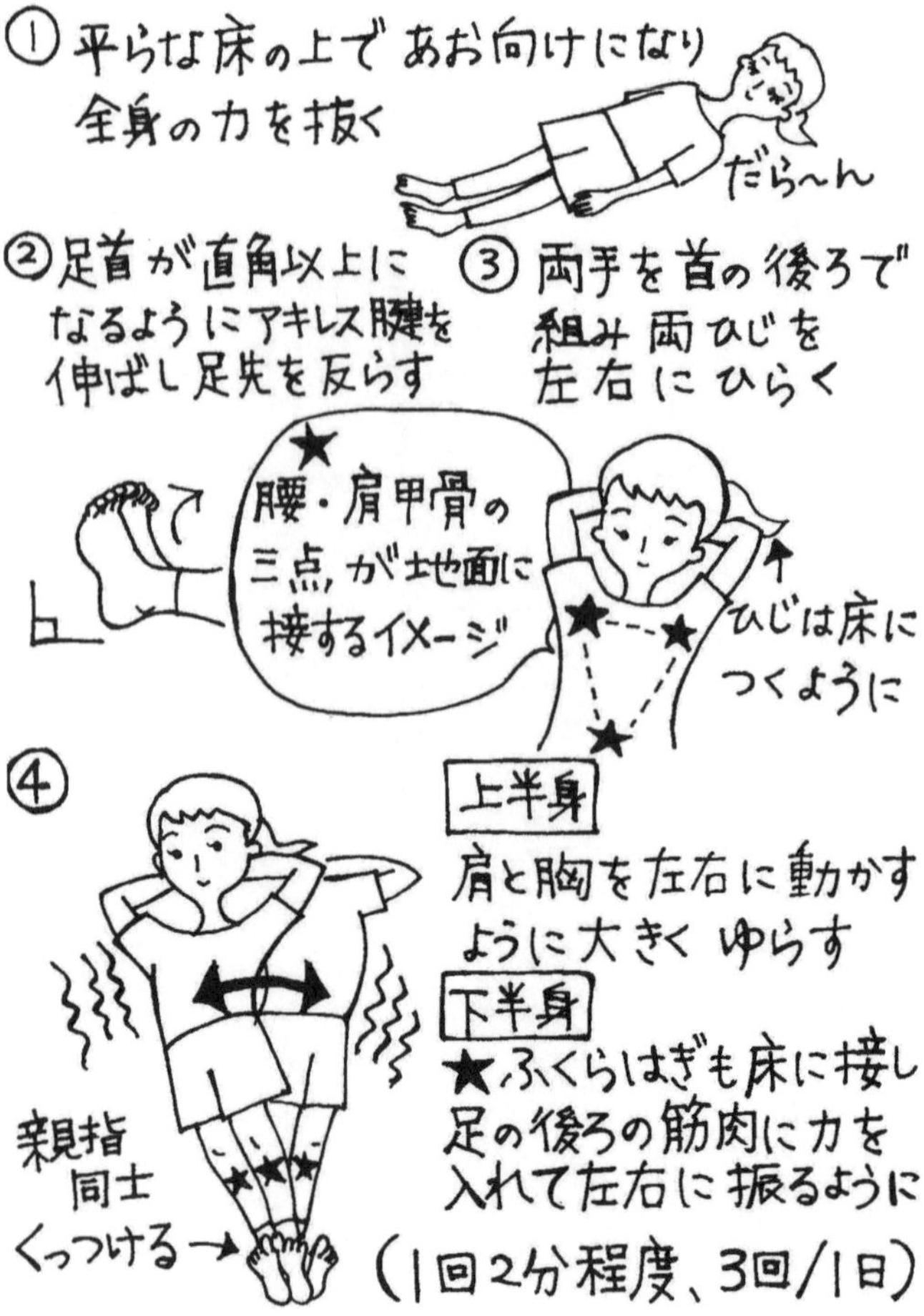

①平らな床の上であお向けになり
全身の力を抜く
だら〜ん
②足首が直角以上に
なるようにアキレス腱を
伸ばし足先を反らす
③両手を首の後ろで
組み両ひじを
左右にひらく
★
腰・肩甲骨の
三点が地面に
接するイメージ
ひじは床に
つくように
④
上半身
肩と胸を左右に動かす
ように大きくゆらす
下半身
★ふくらはぎも床に接し
足の後ろの筋肉に力を
入れて左右に振るように
親指
同士
くっつける→
(1回2分程度、3回/1日)

膝立て金魚運動

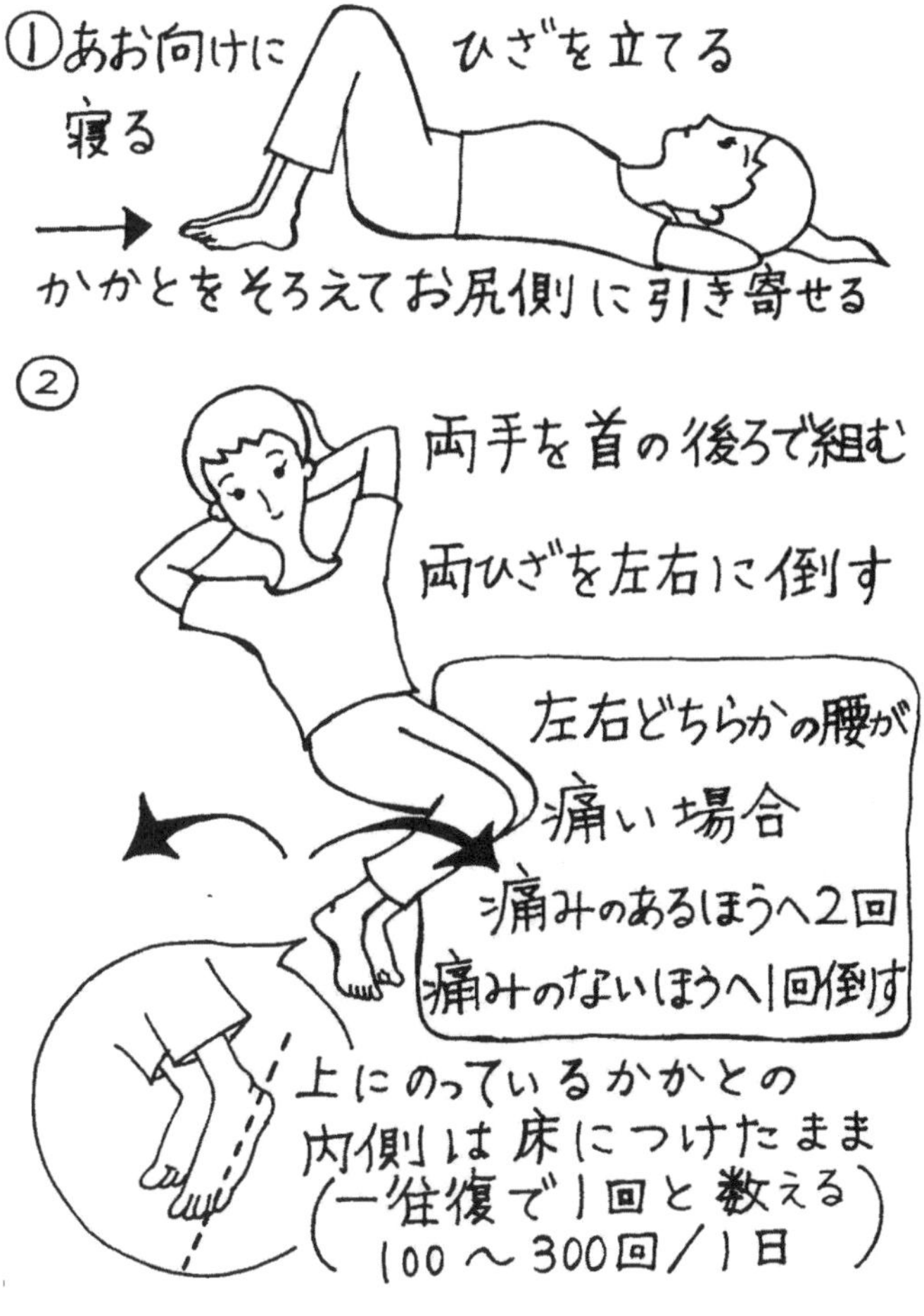
①あお向けに
寝る
ひざを立てる
かかとをそろえてお尻側に引き寄せる
②
両手を首の後ろで組む
両ひざを左右に倒す
左右どちらかの腰が
痛い場合
痛みのあるほうへ2回
痛みのないほうへ1回倒す
上にのっているかかとの
内側は床につけたまま
(一往復で1回と数える
100～300回／1日)

膝抱え金魚運動

①あお向けになって
両ひざをかかえる
頭は
軽くあげる
つらければ
あげなくてOK
②
★ひざを支点にする
お尻を左右にゆらす
ひざまで左右に
ゆれないようにする
かかとをそろえる
③かかえていた足をほうり投げ
大の字になる
縮まっていた
腰椎が広がる
立ちっぱなしで
腰がすくんで
痛くなった時に
少し横になり すくんだ腰骨を
伸ばすのに有効

膝抱え金魚運動

膝を抱えて、腰の痛いところを床に当てて、そこを伸ばすように腰を左右に細かくゆらします（前ページ図参照）。立ち仕事をして、腰がすくんで痛くなったときに一時的に行う。

二人でする金魚運動

子供や寝たきりになっていて、金魚運動や膝立て金魚運動が自分でできない場合に、ほかの人に手伝ってもらう金魚運動です（次ページ図参照）。

便通を改善するためや、腸の癒着を防ぐために行います。

やってもらう側は、手を頭の後ろに組んで寝ます。手伝うほうは、座って、大ももの上に相手の両足を乗せ、両手で足首を持ち、左右に振動させる。

毛管運動

手や足先の毛細血管の血流循環をよくします（２６９ページ図参照）。

仰向けになって、首に枕を当てて、両手両足をなるべく高く、まっすぐ上げます。

二人でする金魚運動

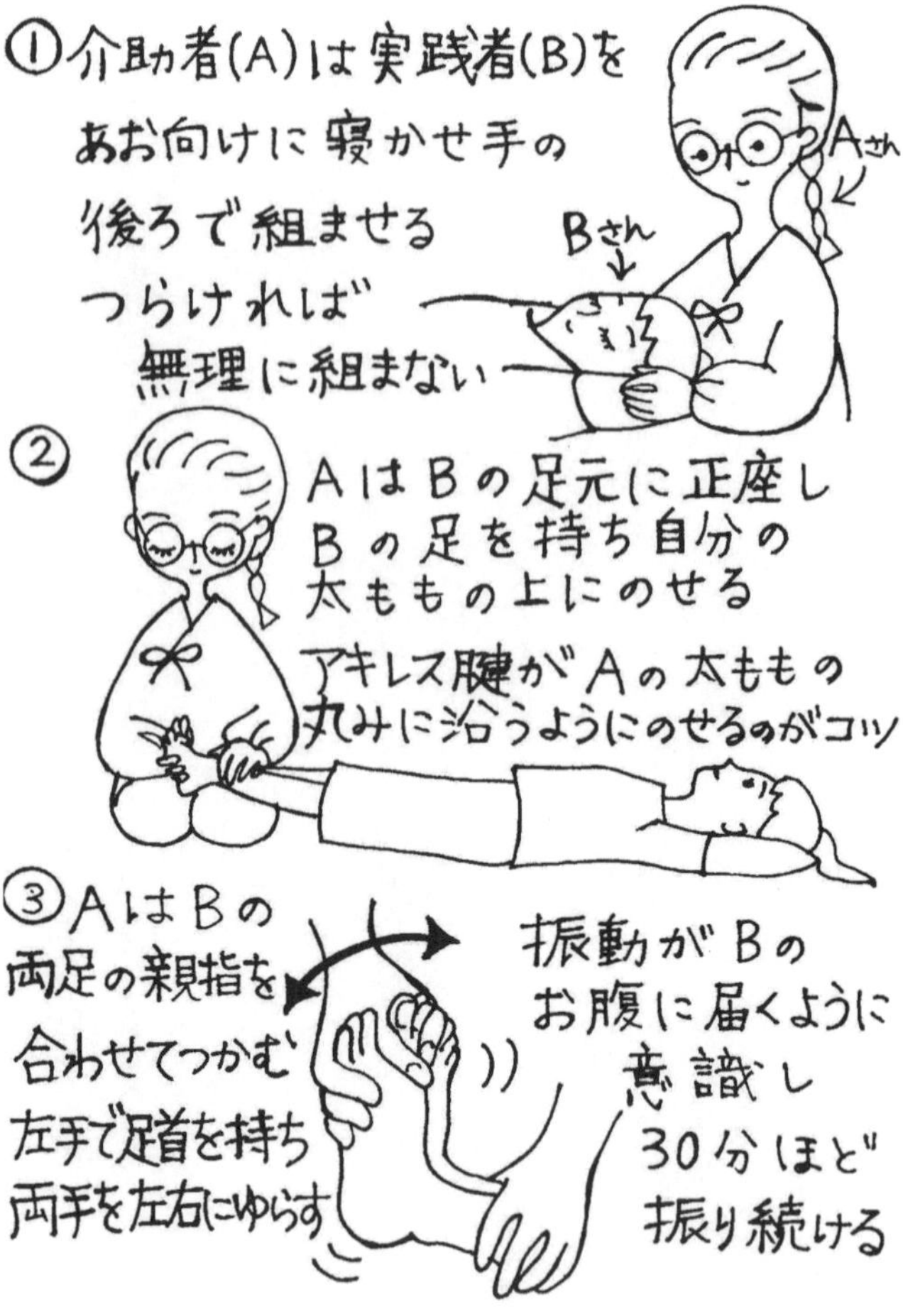

①介助者(A)は実践者(B)を
あお向けに寝かせ手の
後ろで組ませる
つらければ
無理に組まない
Aさん
Bさん
②
AはBの足元に正座し
Bの足を持ち自分の
太ももの上にのせる
アキレス腱がAの太ももの
丸みに沿うようにのせるのがコツ
③AはBの
両足の親指を
合わせてつかむ
左手で足首を持ち
両手を左右にゆらす
振動がBの
お腹に届くように
意識し
30分ほど
振り続ける

毛管運動

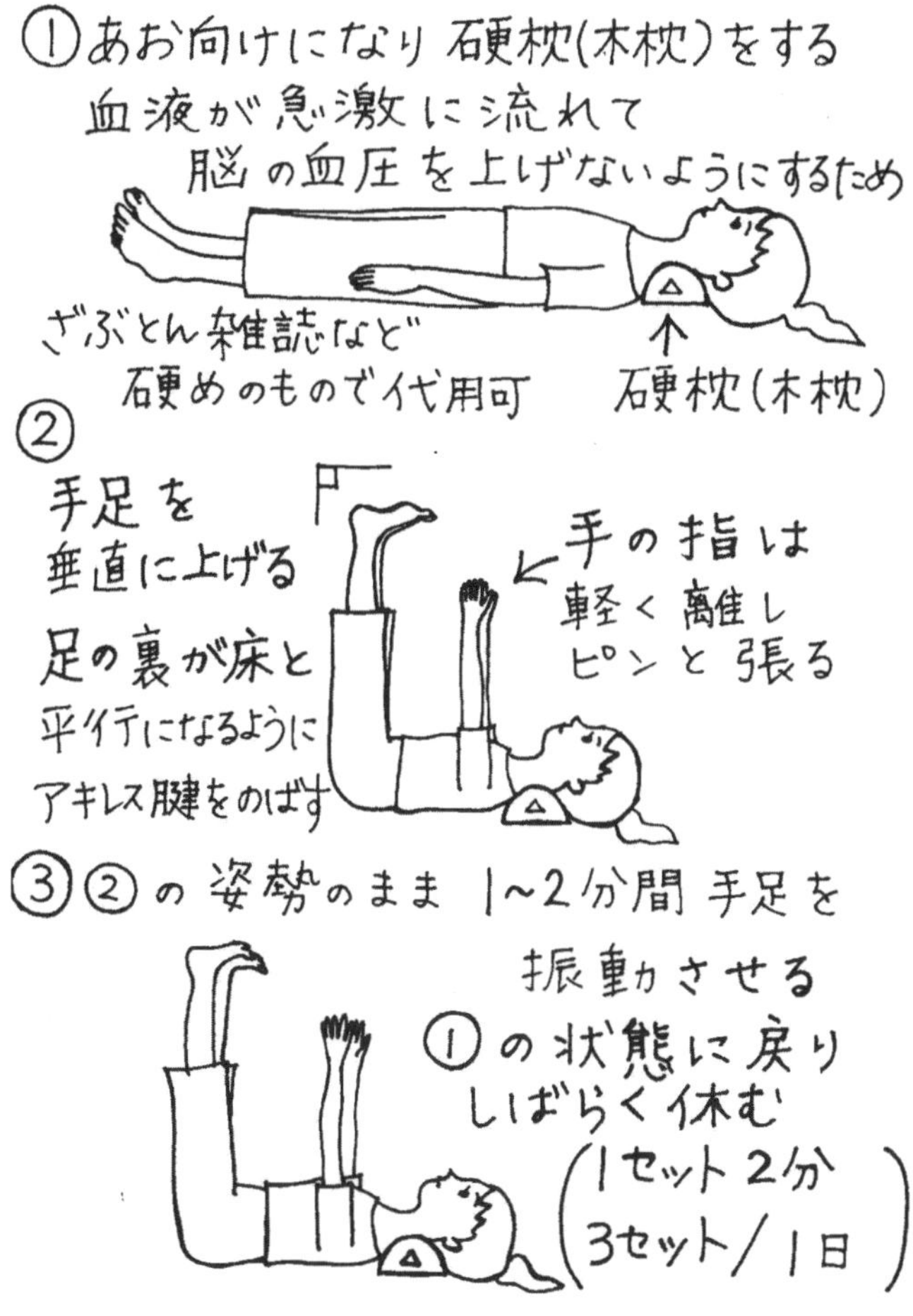
①あお向けになり 硬枕(木枕)をする
血液が急激に流れて
脳の血圧を上げないようにするため
ざぶとん雑誌など
硬めのもので代用可
硬枕(木枕)
②
手足を
垂直に上げる
足の裏が床と
平行になるように
アキレス腱をのばす
手の指は
軽く離し
ピンと張る
③②の姿勢のまま 1〜2分間 手足を
振動させる
①の状態に戻り
しばらく休む
(1セット2分
3セット/1日)

アキレス腱を伸ばして、足首を直角にします。足と手を肩幅に広げ、肘膝を曲げないで、太もも、上腕を微振動させます。1日3回、1回2分程度行う。

腎臓が悪い場合は、足に直角の足枠をはめて、足首が動かないようにして行いましょう。腎臓が悪い場合は1日足枠をして12回、1回2分行う。

心臓が悪い場合は、1回5分を20回行う。

合掌合蹠《がっせき》運動

平床によって脊柱の前後のゆがみを取り、硬枕によって頸椎のゆがみも取り、毛管運動によって血液循環も整えたら、合掌合蹠運動です（次ページ図参照）。

左右の足の長さが違うなどの股関節のずれや骨盤のゆがみを改善します。

合掌は手を合わせる、合蹠は足の裏を合わせるという意味です。

仰向けになって寝て、手を胸のところで垂直の方向で立てて合掌します。手を顔すれすれに上に上げ両手が床につくまで伸ばします。足は膝を曲げて開き、足の裏を合わせて、そのまま足を前後の方向に、足の長さの1倍半程度動かします。

運動中は膝はなるべく開き、両方の足の裏が離れないようにします。

合掌合蹠運動

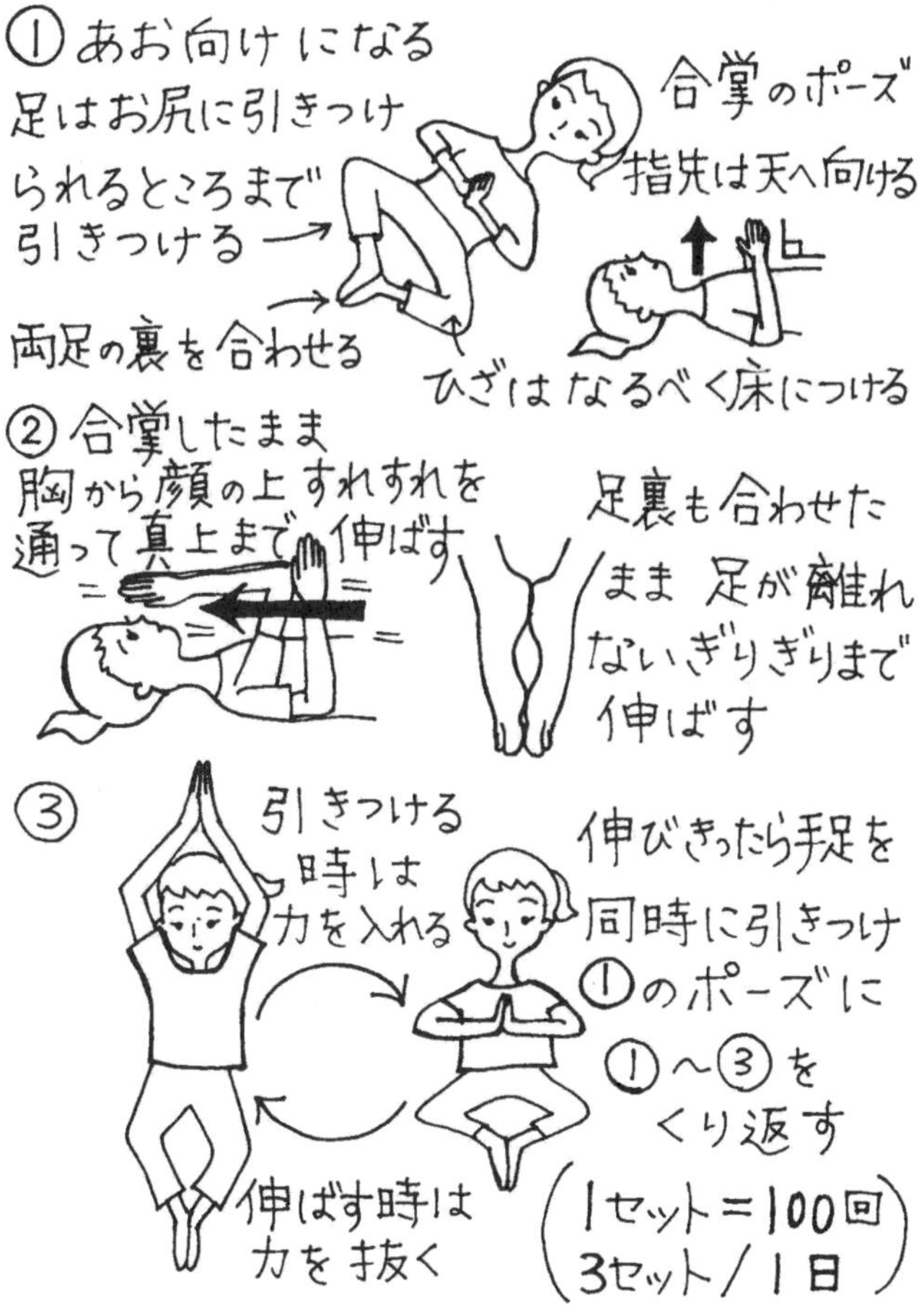
①あお向けになる
足はお尻に引きつけられるところまで引きつける
両足の裏を合わせる
ひざはなるべく床につける
合掌のポーズ
指先は天へ向ける
②合掌したまま
胸から顔の上すれすれを通って真上まで伸ばす
足裏も合わせたまま足が離れないぎりぎりまで伸ばす
③
引きつける時は力を入れる
伸ばす時は力を抜く
伸びきったら手足を同時に引きつけ①のポーズに
①〜③をくり返す
（1セット＝100回
3セット／1日）

両手両足を伸ばすときにはゆっくりと、引き付けるときには、思いっきり力を入れて行います。

1日3回、1回100回くらいするとよいです。

妊婦さんの安産のためには、1日600回。逆子《さかご》の予防と治療にもなります。

脊柱側弯症《せきちゅうそくわんしょう》の場合は、1日1000回を目標にするといいです。

筋腫、子宮内膜症など病気の予防と治療に効果があります。

背腹運動

背腹運動によって体液を中性にして、暗示によって運命を好転させることができます。

背腹運動には「準備運動」と「本運動」があります。

この体操は正座をして行うのが正式ですが、椅子に座って行ってもよいです。

椅子の座面の高さは、下腿の長さで、椅子の角に座って行うとやりやすいです。

膝は、拳骨が5つ入るくらい広げて行うとよいです。

背腹運動（準備運動）

①両肩を同時に
10回上下させる
②頭を右に
10回傾ける
③左にも同様
④頭を前に
10回傾ける
⑤あごを引いて頭を
後ろに10回傾ける
⑥すばやく頭を
右後ろに10回まわす
⑦左後ろも同様
⑧両うでを水平に
のばし 頭を
右・左に1回ずつまわす
⑨両うでを垂直に
のばし頭を右・左に
1回ずつまわす
⑩親指を中に手を
握りうでを直角に曲げる
⑪⑩の姿勢のまま後ろに引き
あごを上につきあげる

準備運動（11種類を1分間で行います。前ページ図参照）

①両肩を同時に上下すること10回。
②頭を右に傾けること10回。
③頭を左に傾けること10回。
④頭を前に傾けること10回。
⑤頭を後ろに傾けること10回。
⑥頭を右後ろ方向に回すこと10回。
⑦頭を左後ろ方向に回すこと10回。
⑧両腕を水平に伸ばし、頭を右と左に回すこと1回。
⑨両腕を垂直に上げて、頭を右と左に回すこと1回。
⑩両腕を上げたまま指を1本ずつ曲げて、腕を直角に曲げ、肘を肩の位置まで下げる。
⑪この姿勢のまま後ろに引き、頭を後ろに倒して顎を上に上げる。

本運動（10分）

「本運動」は尾骶骨《びていこつ》から頭頂までを一直線にして、上半身を右から始めて左右に揺らして、腹部を出したり、引っこめたりする運動です（276ページ図参照）。

背骨は尾骶骨から頭頂までを1本の棒のようにして、上半身を左右に揺らします。

背骨が体の中心に来たときに腹部をへこまして、左右に傾いたときにはおなかを出すようにします。朝晩10分ずつ行いましょう。

脊柱の左右の運動で体液を酸性にし、腹部の出し入れで、体液をアルカリ性にします。これを同時に行うことによって、体液を中性に導きます。

腹部の運動は、下腹部にわずかに力を入れるように行い、呼吸とは関係なく行います。運動の速さは、脊柱運動1往復を1回として、1分間に50回ないし55回、10分間で500回を目標にします。

初めはこの速度ではできないので、まずは正しい形でやることに注力して、慣れればだんだん速度を増していくようにします。

運動の形や速度は健康になるほどに整い、速くなってきます。

鏡の前で、左右がきれいに振れているか確かめながら行うとよいです。

背腹運動（本運動）

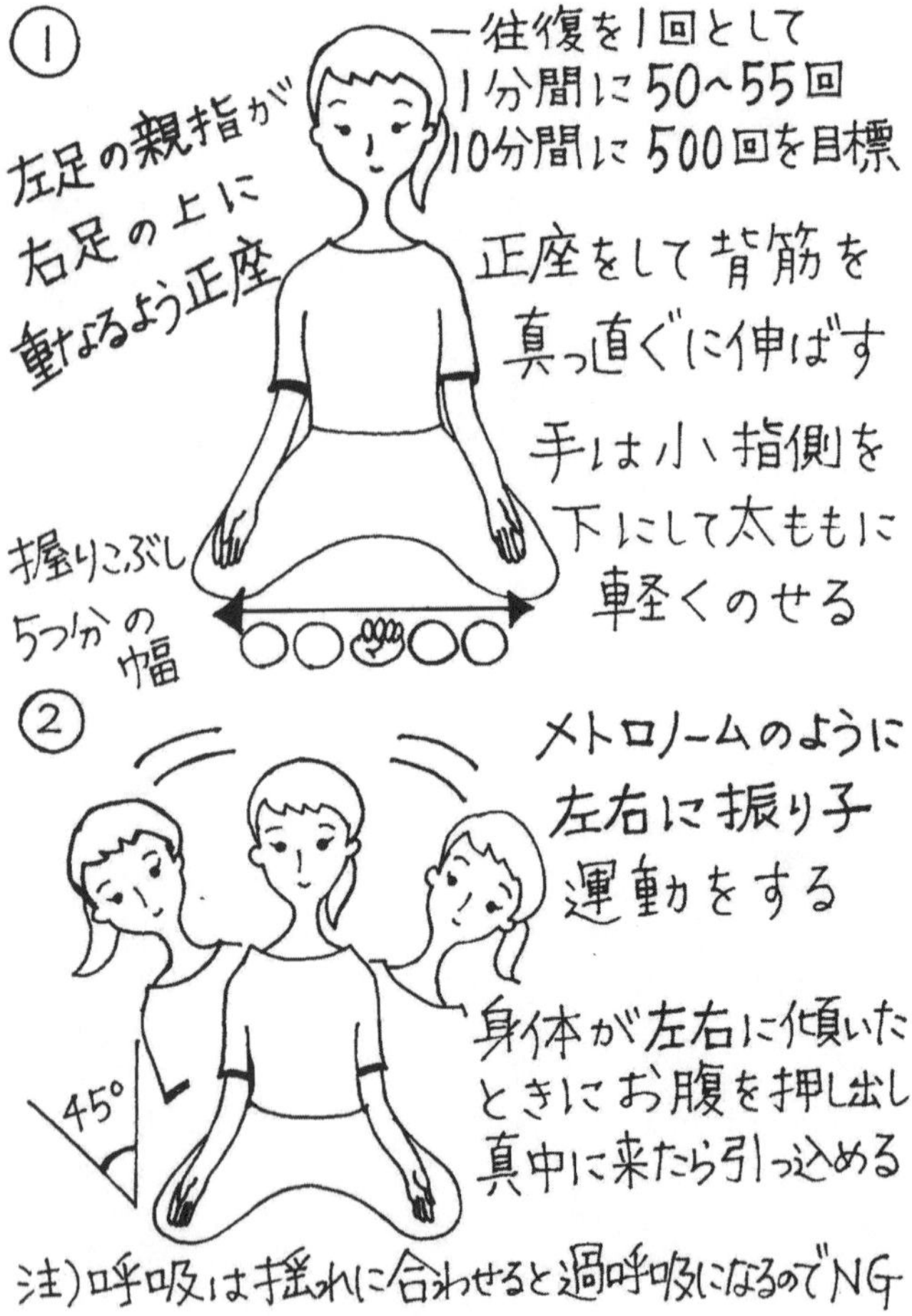
①
一往復を1回として
1分間に50〜55回
10分間に500回を目標
左足の親指が
右足の上に
重なるよう正座
正座をして背筋を
真っ直ぐに伸ばす
手は小指側を
下にして太ももに
軽くのせる
握りこぶし
5つ分の幅
②
メトロノームのように
左右に振り子
運動をする
身体が左右に傾いた
ときにお腹を押し出し
真中に来たら引っ込める
45°
注）呼吸は揺れに合わせると過呼吸になるのでNG

左右に背骨を振ることばかり考えて、猫背で振っていては早く疲れてしまうので、腰を立てて、胸を張って、背骨をまっすぐにして、左右に振るようにしましょう。

45度くらい傾けたら、反対側の手を太ももの真ん中ぐらいにつけて、そこから小指や薬指を動かさないようにして、肘が伸びる角度まで体を振るようにします。

手は手のひらに手相の縦の線ができるように置いておくと、生命線や運命性が長くなり、運命が好転します。

背骨を左右に振ることによって交感神経が興奮し、おなかを出したり、引っこめたりすることによって副交感神経が興奮するので、自律神経が整い、**潜在意識が開かれて、暗示がかかりやすくなります。背腹運動をするときに、「良くなる、能くなる、善くなる」と念じながら行うと、運命が好転していきます。**

そのほかに、背骨を振ることによって、背骨のゆがみが矯正され、首こり、肩こりがよくなり、首から上の、頭、目、耳、鼻などの病気の予防と治療になります。腰や背骨のゆがみもよくなります。また、眠気もなくなります。

おなかの出し入れをするので、便通がよくなり、胃下垂《いかすい》や遊走腎（腎臓がずっと下に動いた状態）にも、または腸の癒着をはがし、宿便の排泄の助けになります。子宮や膀胱など骨盤内の臓器を整えます。

西式健康法の体操をするときに、テンポの良い曲を流しながらすると体が動かしやすいです。例えば、

金魚運動には、爆風スランプ「Runner　ランナー」

毛管運動には、テイラー・スウィフト「Shake it off　シェイク・イット・オフ」

合掌合蹠運動には、葉加瀬太郎「情熱大陸２００７」

背腹運動には、安室奈美恵「Hero　ヒーロー」

など。ご自分で好きな曲を使って楽しく運動をしてみてください。

温冷浴

温冷浴は、入浴のときに、水と湯を交互に入浴する方法です（次ページ図参照）。正しい理想的な温冷浴は、水風呂と湯風呂を二つ備え付け、まず水のほうへ1分、次に湯に1分、次に水に1分、湯に1分、水に1分、湯に1分、水に1分、湯に1分、最

温冷浴

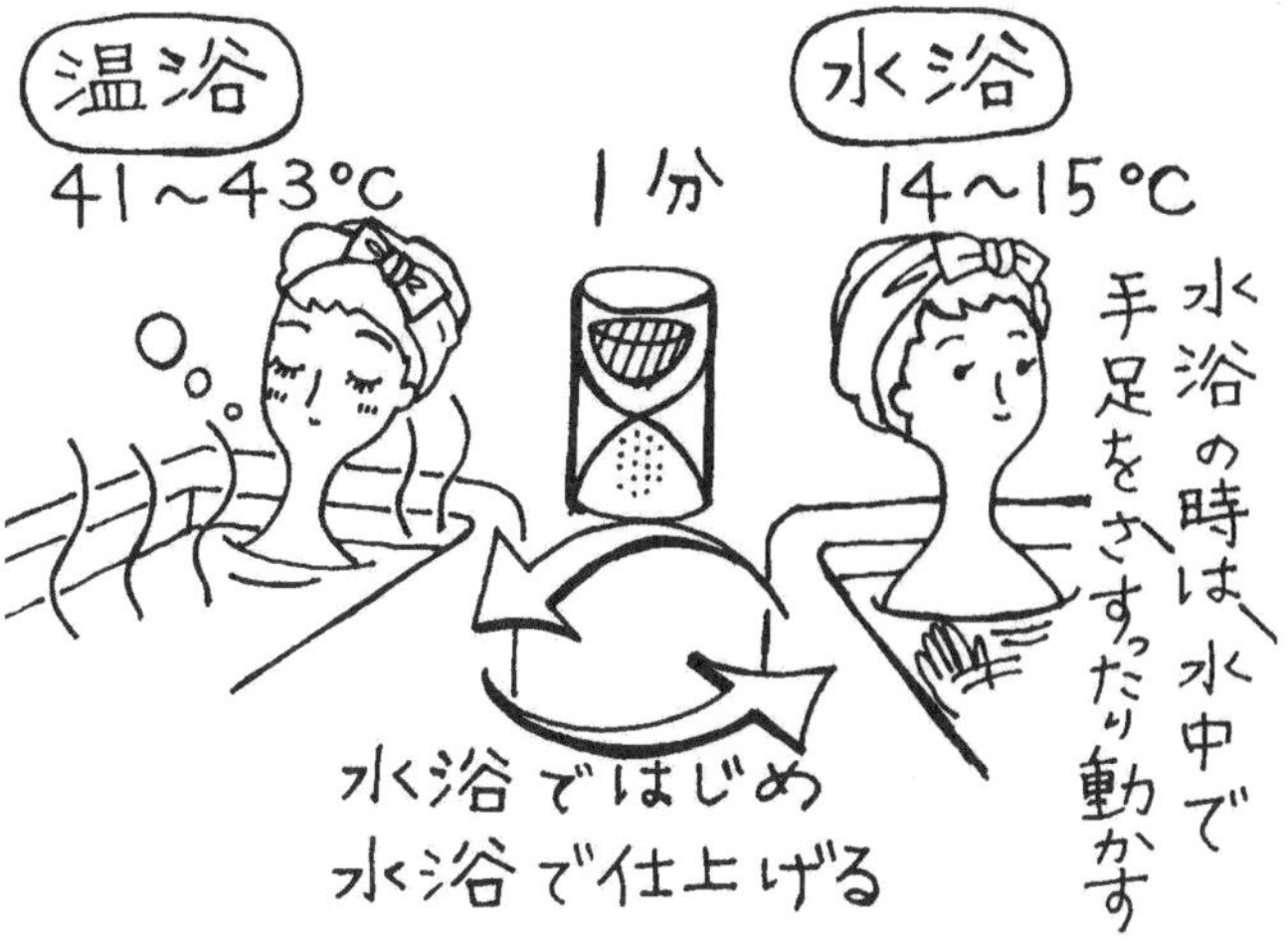

後に水に1分入って上がります。

水5回、湯4回になります。

健康な人は、水の温度は14℃か15℃、お湯の温度は41℃から43℃で、最初に始めるときは夏から慣らしていきましょう。

温冷浴は自律神経を整え、体液を中性にします。また、血液循環を促進して、疲労物質を排出して、凝りがほぐれて体が軽くなります。風邪の予防や、寒さ暑さにも強くなります。皮膚がつるつるして光沢を帯びてきます。

道場では、2人1組になって、砂時計で1分間を正確に計りながら、水風呂と湯風呂に入ります。

お湯は沸かして調節できますが、水道水は冬はそのままでは冷たすぎるので、お湯を入れて調節します。

夏は少し温度が温かすぎてしまうので、熱心な方はペットボトルを何本も凍らせて水風呂に入れていました。

井戸の水の場合は、一年中あまり温度が変わらない15℃くらいなので、非常にやりやすいです。

ワンポイントアドバイス

水浴用の浴槽がない場合には、シャワーで代用しましょう。

足先から徐々に上部に向かって冷水をかけていきましょう。

水風呂は最初は、手首、足首から始めて、慣れてきたら膝下まで。次に太ももの付け根、1週間ほどかけて首まで入れるようにしましょう。

重度の高血圧、心臓病、肝臓病、腎不全の方や、飲酒時、発熱時、薬の服用中は行わないようにしましょう。

裸療法、大気浴療法

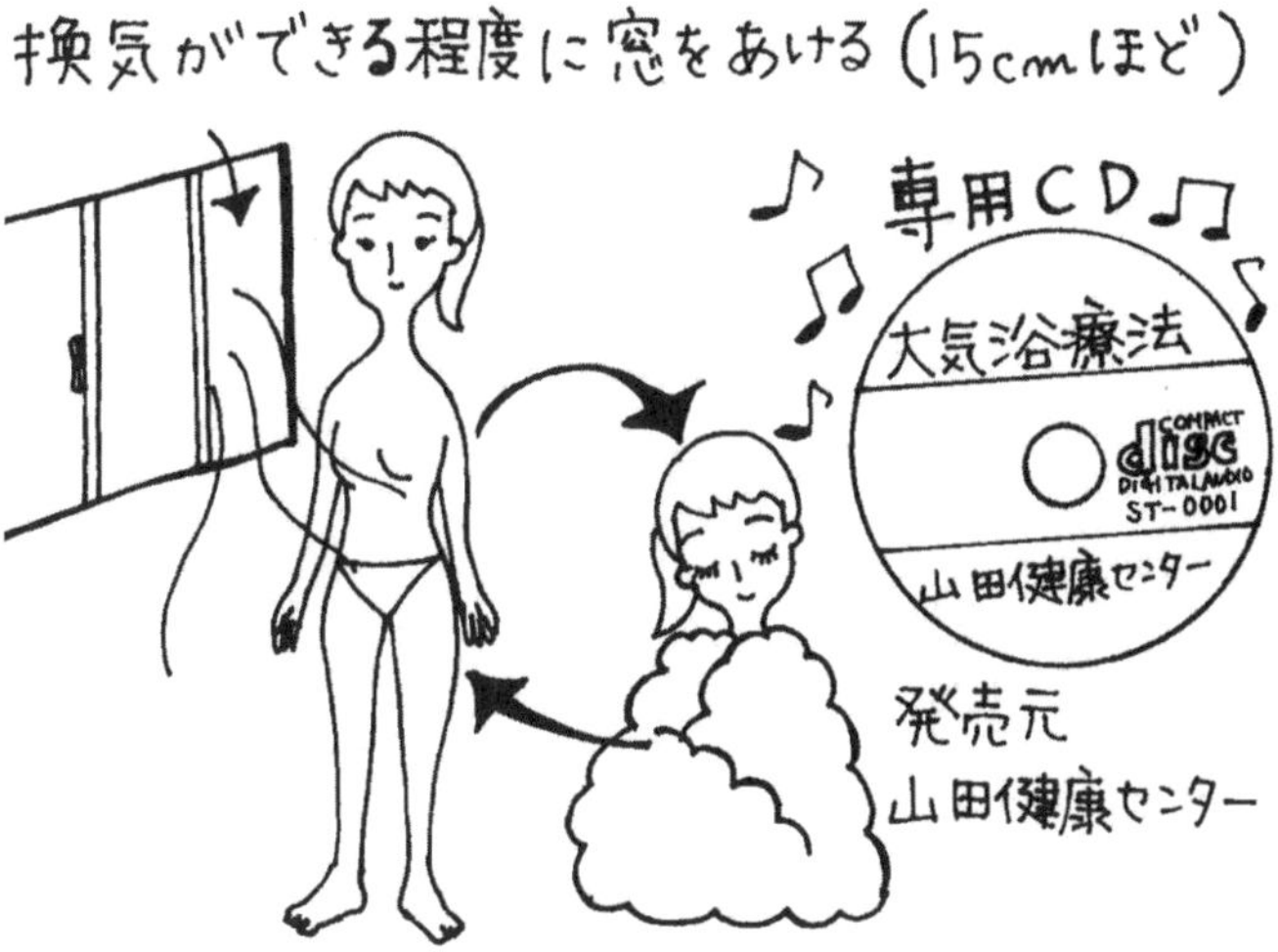

裸療法、大気浴療法

皮膚呼吸を促進し、老廃物を排泄して、内臓の働きを助けます。

通常は朝晩2回行います。癌の患者さんの場合は1日11回行います。肝臓の悪い人は1日8回行います。裸療法を誘導してくれる音声と癒しの音楽に合わせて行います。

パンツ1枚になって、毛布かタオルケットをはおったり、脱いだりします。始める前に窓を開けて、裸療法中は室内の空気の出入りする道を作ります。

食事の後30分、入浴の後40分は避けましょう。連続して行うときには30分休んでから再び行いましょう。

回数	裸の時間	覆う時間
1	20秒	60秒
2	30秒	60秒
3	40秒	60秒
4	50秒	60秒
5	60秒	90秒
6	70秒	90秒
7	80秒	90秒
8	90秒	120秒
9	100秒	120秒
10	110秒	120秒
11	120秒	5～10分

裸療法を1回すると30分くらいかかります。皮膚呼吸を促進するために、皮膚を覆ったり剥き出しにしたりするので、夏でも効果があります。

寒さの厳しいときには、暖房をつけてもいいです。ただし換気は必ずしてください。

癌細胞は一酸化炭素が好きで、酸素がきらいなので、裸療法をたくさんするようにお勧めしています。

癌体質の方は、裸療法をすると、生あくびがたくさん出てきます。

裸療法をして生あくびが出る方は、身体が酸素不足だと言っていると思って、はりきって裸療法をしてください。

映画館やデパートなど、たくさんの人の中にいて、頭が重くなったというときに、家に帰ってから裸療法をすると、頭がすっきりして、身体の疲れも取れていきます。

脚絆《きゃはん》療法

足に包帯のようにぐるぐる布を巻いて、足の循環を助けます（284〜285ページ図参照）。

むくみ、静脈瘤、心臓病、腎臓病、痔、疲労、足の故障などに効果があります。

サラシを半分にして、包帯のように巻いて用意しておきます。

2時間仰向けになって寝るので、途中でトイレに起きなくてもよいようにトイレに行っておきましょう。足を上げておく台（40〜50㎝くらいの）を用意しておきます。

脚絆療法を行う前に、毛管運動をして準備をします。

左足から巻いていきます。親指から始めて上から見て外から内側へ、巻いていきます。膝までは固く巻いていきます。皮膚が見えないように丁寧に巻いていきましょう。

膝から上は大腿骨一本なので、きつく巻くと動脈を圧迫してしまうので、ゆるく巻きましょう。左足が巻けたら、右足を巻きます。右足も上から見て外側から内側に固く巻

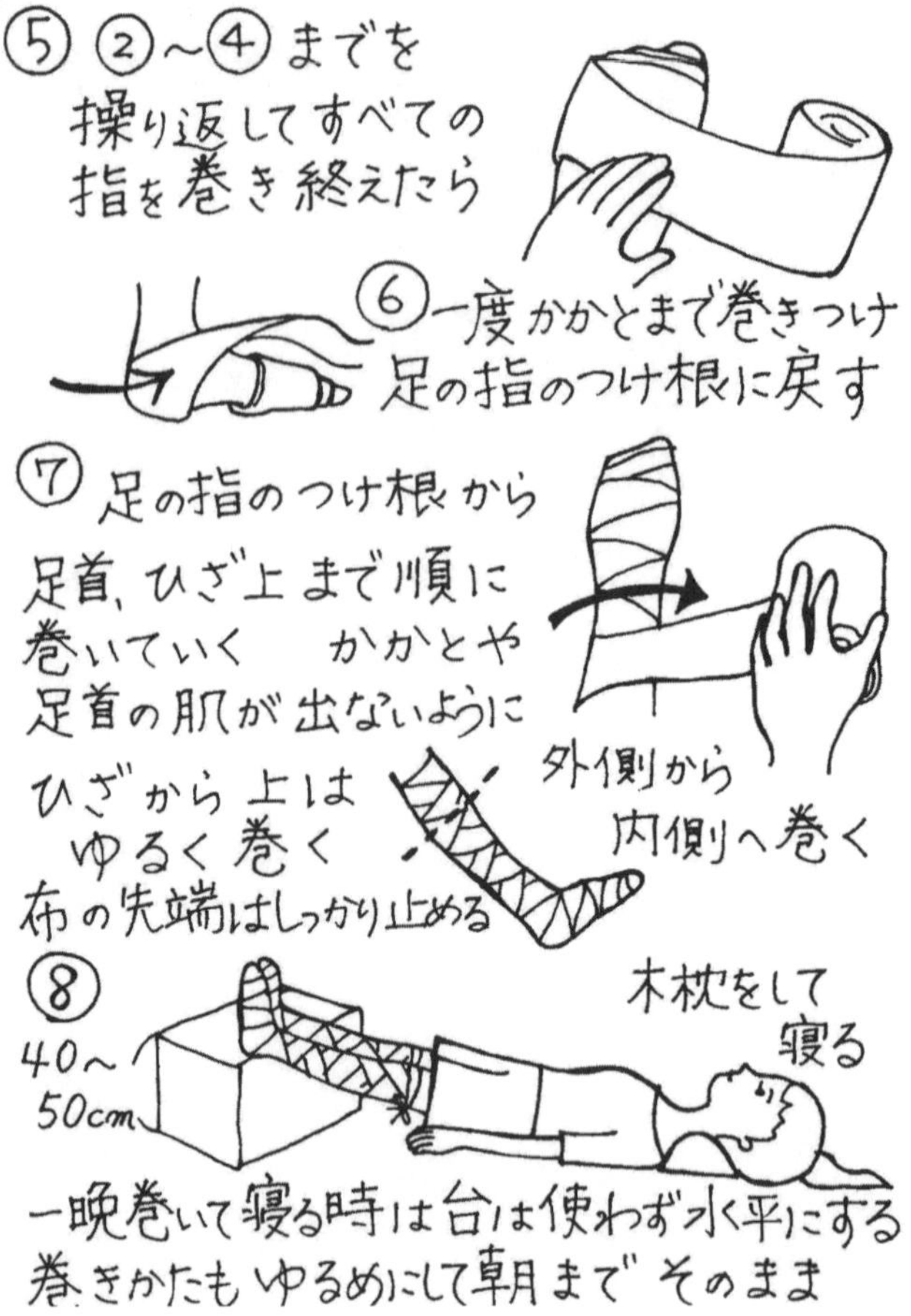

⑤ ②〜④までを
操り返してすべての
指を巻き終えたら
⑥一度かかとまで巻きつけ
足の指のつけ根に戻す
⑦ 足の指のつけ根から
足首、ひざ上まで順に
巻いていく　かかとや
足首の肌が出ないように
ひざから上は
ゆるく巻く
布の先端はしっかり止める
外側から
内側へ巻く
⑧
木枕をして
寝る
40〜
50cm
一晩巻いて寝る時は台は使わず水平にする
巻きかたもゆるめにして朝までそのまま

脚絆療法

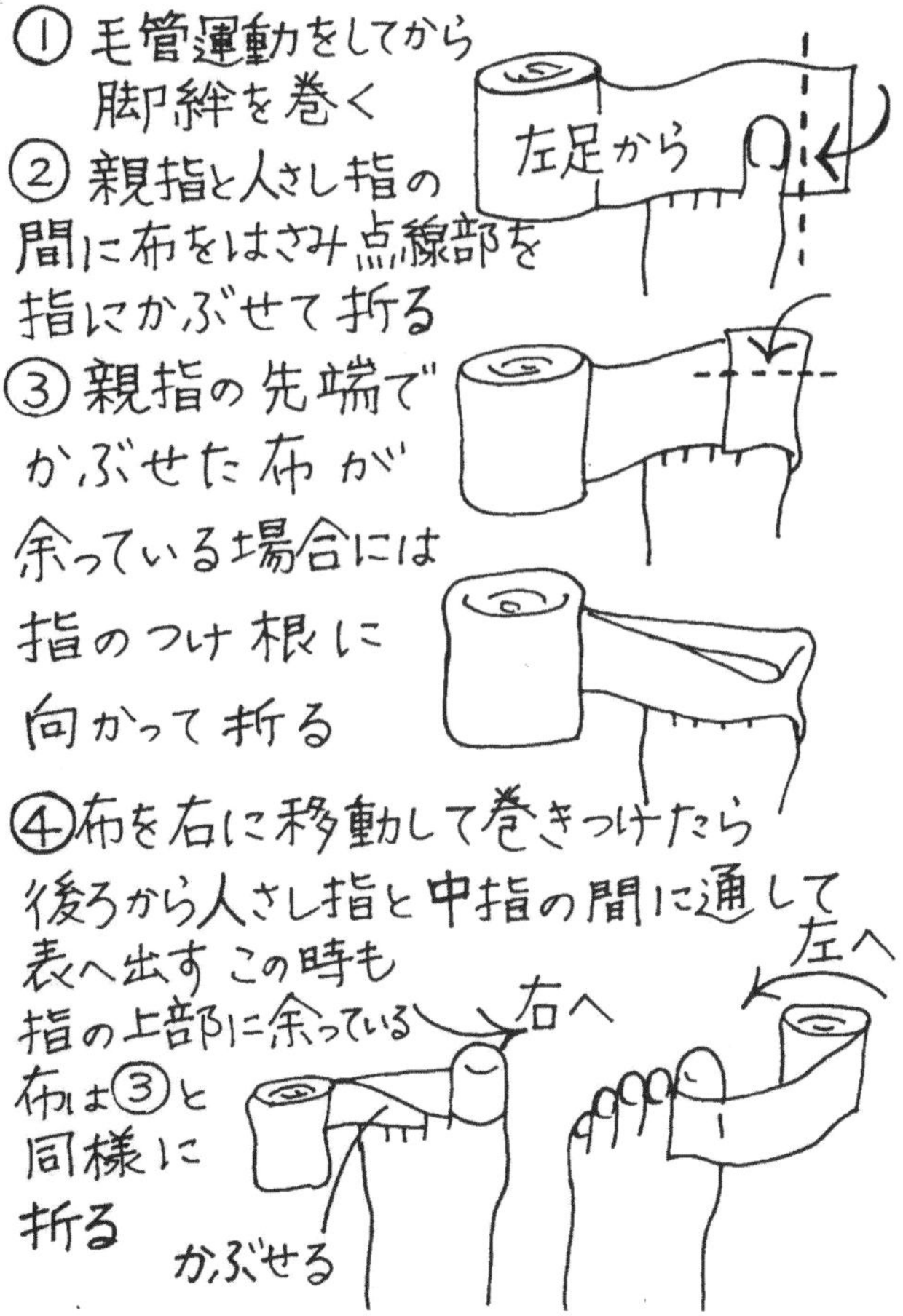
①毛管運動をしてから
脚絆を巻く
左足から
②親指と人さし指の
間に布をはさみ点線部を
指にかぶせて折る
③親指の先端で
かぶせた布が
余っている場合には
指のつけ根に
向かって折る
④布を右に移動して巻きつけたら
後ろから人さし指と中指の間に通して
表へ出す この時も
指の上部に余っている
布は③と
同様に
折る
右へ
左へ
かぶせる

いていきます。膝から上はゆるく巻いていきます。
巻き終わったら、足を40～50㎝の台に乗せて、2時間ほど横になります。
そのとき頭に木枕を当てて寝ましょう。

ワンポイントアドバイス

昼間に時間が取れない場合は、夜眠るときにしてもいいです。
その場合は、足を台に上げないで、水平にします。巻き方も、少しゆるめにします。
朝までそのままにしておきます。

カラシ湿布

呼吸器疾患、風邪、喘息、咳、鼻づまりなどの症状によく効く、温かいシップです。

材料
和カラシ粉　大さじ2、3杯
小麦粉　適量

お湯　55℃
サラシ、または手ぬぐい　2枚
カラシと小麦粉の割合
普通の大人　カラシ：小麦粉＝1：1
幼児　カラシ：小麦粉＝1：3〜4
皮膚の弱い人　カラシ：小麦粉＝1：2
乳児　カラシ：小麦粉＝1：6

①和カラシと小麦粉をよく混ぜ合わせ、お湯を入れて耳たぶくらいの硬さにまとめる。お湯の温度は30℃以下や70℃以上では、効果は発揮されない。辛味が少ない場合は、お湯の代わりに番茶にし、大根おろしの汁を加えるとよい。
②日本手ぬぐいを広げて、その上に3㎜くらいの厚さになるように広げ、均一に伸ばす。
③上にもう1枚布を重ねて、皮膚に直接カラシがつかないようにして、布越しにして胸や背中に当てる。胸が赤くなるまで続ける。長くなっても20分以上はしないこと。

胸と背中は同時にしないで、する場合は時間をあけて、朝胸にした場合は、夜に背中に当てるなどする。

④皮膚についたカラシの粉は、温かいおしぼりなどで、よくふき取る。

肺尖《はいせん》（肺の上のとがった部分）は鎖骨の上1㎝になるので、鎖骨の上1㎝から胸全体に広く湿布が当たるようにする。

イモ湿布（サトイモパスター）

痛みだけでなく、炎症にも効く湿布。打ち身、捻挫、リウマチ、癌や腫物の毒を吸い出す。

材料
サトイモ　100g
小麦粉　100g
ひねショウガ　20g
塩　20g

サトイモ：小麦粉：ショウガ：塩＝5：5：1：1の割合にする。

①サトイモはひげ根が焦げる程度にあぶり、皮をむいてすりおろす。これは、サトイモにかぶれないためで、中まで火を通してしまうと、薬効成分の酵素がなくなってしまうので注意する。

②ショウガは皮をむいてすりおろし、①のサトイモ、小麦粉、塩を入れて、耳たぶくらいの硬さになるように、小麦粉の量を微調整してまとめる。

③②をガーゼなどに厚さ3㎜に均一に伸ばし、患部に直接貼る。皮膚の弱い人は、ごま油を塗るなどしてから貼るようにする。

患部が熱を持っている場合は、イモ湿布は乾いてバリバリになります。そうなったら新しいものと交換します。

癌など毒を吸った場合は、反対にドロドロになります。そうなっても、新しいものに交換します。この湿布は24時間貼り続けるものです。

イモ湿布はまとめて作っておいて、密閉して冷蔵庫で保存すると数か月使うことができます。

イモ湿布は粉末状の製品がありますが、生のほうがよく効きます。

サトイモは季節によって水分量が違うので、小麦粉の量を加減して硬さを調節してください。

ドロドロになるからとビニールなどで覆うと、熱がこもり腫れあがったりするので、覆わないようにしましょう。

癌の患部の上に貼ると、皮膚にぶつぶつができて、膿が出てきます。すると痛みが出てきます。

七掛《しちが》け温冷湿布

ぎっくり腰、五十肩、神経痛など、あらゆる痛みに効果があります。

毛管運動をしてから行いましょう。

材料
バケツ　2つ

タオル　2枚
レスキューシート　1枚
園芸用軍手　1組
耐油グローブ　1組
バスタオル　1枚
お湯　50℃
お水　5℃

お湯とお水を別々の容器に入れて、タオルなどを入れて、下記の時間を目安に温冷湿布を繰り返します。お湯の温度は50℃前後、水の温度は5℃くらいが目安。

熱いお湯に手を入れてタオルを絞るのは大変なので、園芸用軍手に耐油グローブをかぶせて、熱くないようにしてタオルを絞るようにすると

	温湿布	冷湿布
1回	20分	14分
2回	10分	7分
3回	7分	5分
4回	5分	3分30秒
5回	3分30秒	2分30秒
6回	2分30秒	1分40秒
7回	1分40秒	1分
8回	1分	1分
9回	1分	1分
10回	1分	1分

やりやすいです。

患部の温度が下がらないように、湿布中はレスキューシートで覆って、さらにバスタオルをかぶせましょう。

第7章　光に導かれて

幸せとは何か

生きていることが幸せです。実感がある地球の上で。このことに尽きると思います。

不食の先にあるもの

甲田先生がお亡くなりになってから、不食の方や宇宙人さん、臨死体験をした方に出会いました。これは、先日、沖縄のおとりつぎ役の我那覇《がなは》れなさんに聞いたところ、霊界からの甲田先生のお導きらしいです。

不思議体験と遠隔治療

会場の人に一斉にエネルギーを与えます。
お腹に手を当てて、気の重心を足の裏まで、下げます。

両手をおへその上に重ねて
「熱い、冷たい、おこぼれ頂戴いたします。浄化、再生」と言います。
すると一斉に、足が温かくなったり、頭が涼しくなったりします。
また、「助けて森先生」と言うと、癒しが起こります。

あるとき、インドの旅行から帰ってきた患者さんが、心臓が苦しくて、お医者さんに診ていただいたら、「ひどい不整脈ですね。1分間に35回しか拍動していません。これではペースメーカーを入れないといけないですね」と言われたそうです。

「1週間後の検査で結果が同じだったら、ペースメーカーを入れましょう」という話になったそうです。

それで、それは嫌だな、大変なことになったと、サイババに向かって（このころはサイババはお亡くなりになっていましたが、天国のサイババに向かって）「ババ様、助けてください」と深いお祈りをしていたところ、私の顔が浮かんだそうです。

「これは、ババ様が森先生のところへ行きなさいと、導いてくださったのだと思って来院したしだいです」と、私の鍼灸院に来られました。

私の鍼灸は、経絡治療、脈を変えるのが得意です。それに、心臓の不整脈を治す特効穴があって、そこにお灸をすると、大変よくなります。

その患者さんには西式健康法の毛管運動を1日1回、5分20回くらいしてもらい、食事は玄米五分粥食にして、できるだけ、鍼に通っていただくようにしました。

「明日、1週間後の診察です」とその患者さんがおっしゃるので、私は「では、診察のときに〝助けて森先生〟と言ってください」と言いました。正確には思わず口から出たのですが、大人しい性格の私にしては大胆なことを言ったなあと、自分でも心の中で驚きました。

そして検査日、その方が診察台の上に寝て心電図を装着したとき、「助けて森先生」と心の中で言ったところ、霊体の私が足元にすくっと立っていて、スーッと心臓の中に入ったそうです。

その瞬間、胸が楽になったそうです。看護師さんが心電図計を見ながら、「急に正常になりましたね。どうされたんですか？」とお聞きになられたそうです。そのときは「笑ってごまかした」そうです。私は、「それは賢明でしたね、変なこと言うと心の病気のほうに行きなさいと言われそうですから」と言いました。

その日は私は森鍼灸院にいて、他の患者さんの治療で忙しくてその方の病院に行った意識はありませんでしたが、「霊体の私」は病院に行ったようです。

ある人は、「夢の中に森先生が出てきて治療していただいて、朝起きたら治っていた」と報告してくださいました。私はあちこちに出向いて、治療して回っているらしいです。

夢の中は時間がない世界ですね。

アニメ映画『君の名は。』は、3年前に死んだ女の子と男の子が入れ替わるお話でした。夢は5次元以上の世界です。私は時空を超えて治療しているようです。でも覚えていないので、不思議だなと思っていました。

あるとき、ミラクルアーティストはせくらみゆきさんと会ってお話しする機会があって、その不思議な癒しについて「そのとき私はどうなっているのか」と伺ってみたところ、「美智代さんは、6次元ボディーになってバイロケーション（分裂する）を使って、呼ばれたら癒しに行っている」と教えてくださいました。

それから、マスター・ヒーラー小林健先生にお会いしたときにもそのことをお話しすると、「森先生はね、天然の太陽みたいなヒーラーだから、いつでも癒しのエネルギーを出している。それを、〝助けて森先生〟と言うとチャンネルにつながって、たちどころに癒しが起こる」と教えてくださいました。

「どちらが本当かしら」と思っていたところ、沖縄のおつなぎ役の我那覇れなさんが来られたときにお聞きすると、「どちらも本当です」とお話ししてくださいました。

夢のお告げ

「夢は潜在意識からの手紙」などとも言いますが、「朝の夢は、神様からのメッセージ」とも言うそうです。

私の鍼のお師匠様の塩見哲先生が、難しい患者さんがどうしたら治るかずっと考えてきたら、鍼灸の古典の『黄帝内経（素問・霊枢）』に「夢に黄帝が出てきて、治療法を教えてくれて、そのとおりにするとうまくいった」という記述があるのに出合ったそうです。

龍体文字（301ページ参照）の体験記を書いてくださった奥山輝実《おくやまてるみ》先生も、夢の中にいろいろな方が出てきて、執筆のご指導をしてくださるそうです。

私は、いいなあ、私もそんな夢が見たいなあと思います。

龍体文字の奇跡

私はここ数年、龍体文字の本を書いたり、ワークショップをしたりしていますが、大変なブームになって、驚いているところです。

龍体文字というものがあります。これは、中国から漢字が伝わる前に、日本語の48音を表した文字で、神代文字と言われています。30種類以上あります。龍体文字は、５５００年前にウマシアシカビノヒコジという神様が編纂《へんさん》したと言われています。

私が龍体文字にかかわるようになったのは、次のようなことがきっかけでした。ある早朝の夢に丸顔の女の方が出てきて、「お手伝いします」と言って消えていきました。起きてから、あの女の人は誰なのか、何を手伝ってくれるのか、さっぱりわかりませんでした。

その日のお昼ごろ、私が注文していた本が届きました。神代文字を勉強しようと思って、アマゾンで何冊か本を注文していたのです。

それをパラパラと見ていると、夢に出てきた女の人が著者近影で出ていたのです。
それは、龍体文字の龍敬子《りゅうけいこ》さんでした。

龍敬子さんは、画家で、絵の中に龍体文字を書いていました。私は「龍体文字を書け」ということかと思って、他の龍体文字の本も見て書いてみました。

すると龍体文字で「キニ」を書くと、痛みが止まることがわかりました。

私の本職は、鍼灸師なので、毎日たくさんの痛みがある人が来られます。膝の痛い人に、腰の痛い人に、おなかの痛い人に「キニ」を書いてみると、とてもよくなっていくことがわかりました。

それから偶然出会った、古神道の修行をしている方から、龍体文字の「フ」は邪気を取るということを教えていただきました。

「フ」も、患者さんが病院に見舞いに行って肩が痛くなったり、腰が痛くなった場合に書いてあげるとよくなりました。

「フ」が効くのは、何もしていないのに、ただ座っていただけなのに、肩が痛くなったり、ぐったりと疲れたりしてしまった。普通の五十肩と痛む場所がずれていて、なんでこんなところが痛くなるのかな？　という部分が痛くなってしまった場合です。

龍体文字48字

それがなかなか取れない方に「フ」を書いてあげると、たちどころによくなりました。新生児室の赤ちゃんは別ですが、病院には、病気の人と死んだ人が集まっているので、階段の隅やトイレの隅とかに潜んでいたまがまがしきものがついてきたのでしょう。

龍体文字の「キニ」や「フ」を活用していたとき、断食の本の打ち合わせを編集長さんとした際に、最近の面白い出来事のお話になって、「龍体文字が痛みにとても効く」ということを話しました。すると「それなら、わが社の雑誌に出てほしい」ということになって、不思議な現象の記事をよく提供している雑誌に紹介していただきました。

実は、その雑誌には2年ほど前にも取材を受けていて、白鳥哲監督のドキュメント映画『不食の時代』という私の出演作品で、私の若いころを演じていただいた山田まりやさんとの対談をその雑誌で掲載していただきました。

そのときの担当編集者さんが、2週間後に健康雑誌に転勤になるということで、記事はどうなるのかと思っていたら、健康雑誌のほうで取り上げてくださることになったのです。

その担当編集者さんは編集長になって、新年号の特集記事で私の龍体文字を取り上げてくださって、「キニ」を付録のカードにしたり、抽選で5名様に私の本をプレゼントするなど盛り上げてくださいました。

　龍体文字を書き始めて数か月で、雑誌の記事に掲載されたことになります。夢のお告げの応援はすごいなあと感心しています。そして、龍体文字のワークショップをすると、たくさんの方が参加してくださるようになりました。

　そうこうしているうちに、編集長さんから「龍体文字の本を出してみませんか」とお話が来たので、本を出すことになりました。

　でも龍体文字の使い方について、「キニ」と「フ」の文字しかわかっていませんでした。２ページで終わりそうです。なのでわからない字についてダウジングで調べたり、自動書記で神様に聞いて解読することになりました。

　自動書記の神様は、私の質問にすぐに答えてくれないのですが、龍体文字の解読については、快くスムーズにお答えしていただけました。

　自動書記のときの紙はノートやコピー用紙などで、もっぱら鉛筆で書きます。ひらがなばかりで、とても速いスピードで書きます。

効能別、いろいろな龍体文字を使ってみよう

ダウジングで調べてよく使うのは、**人が集まってほしいときに使う「ツル」**です。

これは、催し物のときなどに会場やチラシに書いておくと人が集まってきます。

数年前に、白鳥哲監督が、福島県の映画館で『蘇生』を上映して、そこに沖縄から比嘉照夫先生、大阪から私、東京から白鳥監督が来て、３人で講演をするというイベントがありました。

しかし、開催日の10日前になってもチケットの予約が30人程度で、チャリティーにしようと思っていたのに、赤字になりそうでした。

白鳥監督から、「宣伝をよろしく」と連絡が来たので、龍体文字のフトマニの上で、「チラシに何の文字を書いたら、人が来ますか？」と尋ねながら、ペンジュラム（振り子）で聞いてみました。

すると「ツル」のところで激しく揺れるので、チラシに「ツル」を書きました。

そうすると奇跡が起こって、当日は満員で立ち見が出るほどの大盛況になっていまし

かげ様です。この世的には、きっと地元のEM菌の関係者の方、映画館の方が頑張ってくれたおかげ様です。

物事を広めたいときに、よく使うのは「ムク」です。

私の龍体文字の本には表紙に大きく「ツル」と「ムク」を書いています。
するとと想像以上によく売れて増刷を繰り返しています。

金運アップということでは、「く」を書くといいです。手のひらに書くとか、お財布に書いたものを入れておくといいようです。金色のペンで書くといいようです。

かゆみ止めには「ヌ」です。かゆいところにマジックで書くとかゆみが止まります。
蚊に刺されて赤く盛り上がって膨れているところに、そのままマジックで書いたら、すぐにかゆみが止まります。
アトピー性皮膚炎でよく眠るときにかゆくて寝られない方が、着古したTシャツに「ヌ」をたくさん書いて寝たところ、かゆみが楽になってよく眠れたと教えてくださいました。

龍体文字で一番使うのは「キニ」です。

膝が痛いのも、腰が痛いのにもよく効きます。癌の患者さんの痛みにも効きます。

ヘルペスの後の神経痛にもいいです。

あるとき、広島から来られた患者さんが、お姑さんが脳卒中で病院に入院して、これから病院に行くところだとおっしゃったので、「それは大変！」といって、手ぬぐいにキニをマジックでいっぱい書いて、「これをお母様の頭に巻いてあげて」と渡しました。

すると、しばらくして、お母さんの状態はよくなったと報告がありました。

また、鍼灸院の受付の方のお母さんが脳卒中で入院して、これから徳島に帰るというので、「それは大変！」とまた、手ぬぐいに「キニ」をいっぱい書いて、「これをお母様の頭に巻いて」と渡しました。

するとそのキニの手ぬぐいを巻いたら、急に頭がすっきりしてきたそうです。

そんなに効くなら、「帽子があったらいいのになあ」と思いました。

すると、広島にお話しに行ったときに、スタッフの方が、６枚はぎのベレー帽を作っ

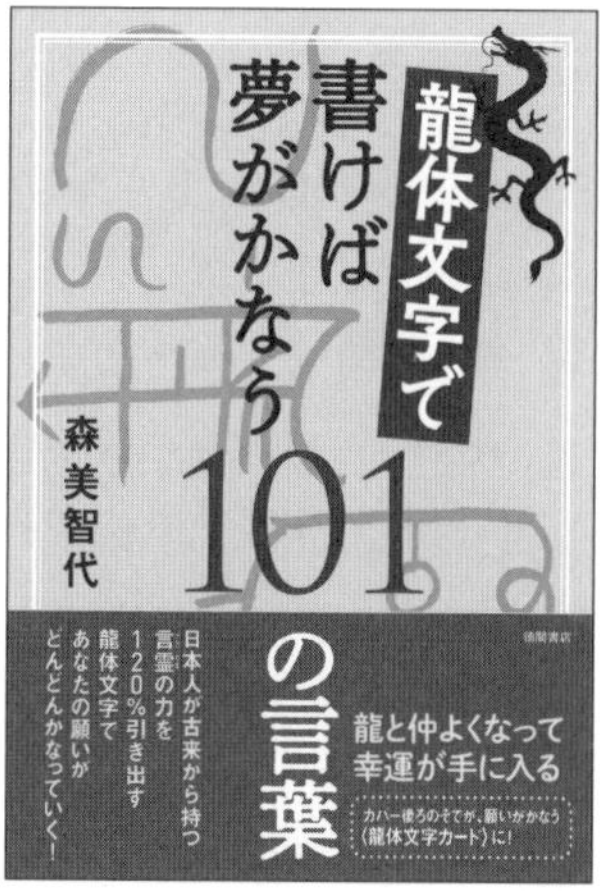

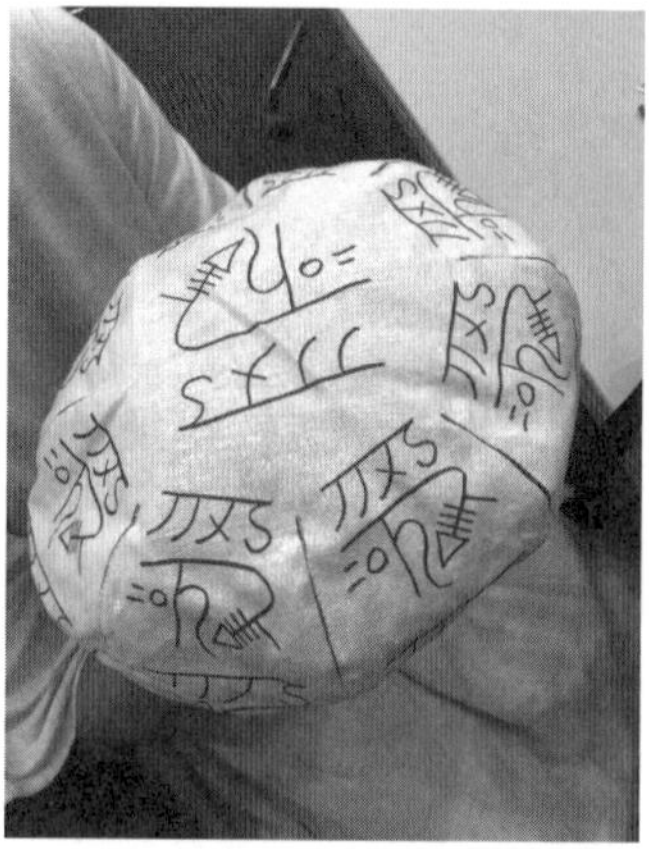
「キニ」を刺しゅうしたベレー帽

てきてくださいました。それには、「キニ」が刺しゅうしてありました。

これはいいなあと思って、8枚はぎのがあったらフトマニが書きやすいなとか感想を言うと、表がフトマニ図、裏がキニばかりの1枚の型紙でできるリバーシブルのベレー帽を作ってくださることになりました。

布に私が書いた龍体文字を印刷して、型紙も印刷されていて、縫い代のところを切ると自分でも作れる、フトマニベレー帽キットを作ってくださいました。「草花咲咲」さんのホームページを見てください。

http://www.soukasaisai.com/item/rb-7/

ベレー帽のほか、洋服やアクセサリーに龍体文字をアレンジした具体例は私の本『龍体文字で書けば夢がかなう101の言葉』（徳間書店）でも紹介・掲載しています。

天気に関することは「ネセ」です。豪雨のときに雨がやんでほしいなとか、台風のときに被害が大きくならないようにとか、地震が起こらないようにとか、そういうときに雲の上や、地図の上に書くとよいです。

台風の場合は「19号」とかよりも、名前でお願いするとよいです。台風の名前は順番が決まっているので、インターネットで検索して調べてお願いしてみましょう。

龍神様は台風のお母さんにあたるので、お願いするといいと思いますが、お母さんから言われるよりも、直接お願いされるほうが、台風さんも気持ちがいいと思います。

台風のときには、気象衛星の雲の映像を取り込んで、その上に「**ネセ**」を書くとよいです。

「ヲ」は良い瞑想をしたいときにいいです。

手のひらに書いてから、瞑想をしましょう。

第3章で紹介したジャスムヒーンさんが来日して、4日間の不食のワークショップを東京で開催したときに、3日間の間、眠くなったり、雑念が湧いていい瞑想ができなかったという参加者の方に、4日目の朝、手のひらに「ヲ」を書いてあげると、よい瞑想ができたと大変喜ばれました。

「イサ」は、なくなったものを探すときに、手のひらに書いて探すと、見つかりやすいです。ある方が車のキーが4日間もなくて困っていて、4日目に龍体文字のことを思い出して手に書いて探してみると、思いもよらないところから出てきたそうです。キーを取り換えると、8万円もかかると言われて困っていたそうです。

その他、**夢を叶えるのに「エテ」がいいです。**

ダイエットに成功したいとか、禁煙したいとか、合格したいなどです。自分に関することです。他の人を変えるようなことは、その人の人生にかかわるのでできません。

龍体文字のグッズで、位牌作家の三田《さんだ》一之《かずゆき》さんが、黒檀などの高級木材で、上手に彫って、ペンダントを作って販売しています。

(https://www.creema.jp/creator/3118826/item/onsale)

龍体文字の組み合わせで、**「イロハニホヘト」を書くと出血を止めるのによいです。**

イロハニホヘトと丸く書いて、真ん中に「ト」を書きます。

出血があると困るようなときに、その場所にフェルトペンで書くと止まります。

妊娠中の出血しているときに、おなかに書いたところ、すぐに止まったと報告していただきました。

また、花粉症などにも首のところに「イロハ」と書くと、鼻が楽になります。

妖精召喚、妖精が出てくる歌

ある日、おなかに巨大な腫瘍がある患者さんが来られました。脂肪の肉腫で、7kgぐらいあるそうで、手術を繰り返しているそうです。

人は毎日癌細胞を5000個くらい発生させているそうですが、それをほとんどマクロファージやナチュラルキラー細胞が食べて失くしてくれています。それを運よく逃れた癌細胞が１㎤の塊になるのに15年くらいかかって、それが１㎏になるのに５年かかって、体中の癌細胞の総量が１㎏になったら、亡くなるらしいです。

その患者さんはすでに腫瘍が７㎏もあって、大変重症で、おなかは膨らんで大きいし、坐骨神経痛があって、鍼も龍体文字も西式健康法もいろいろと試しましたが、なかなか苦しみが取れそうもありませんでした。

それで家に帰って、眠る前に守護霊様（神様）に「あの方に何をしてあげればよいでしょう、夢で教えてください」とお願いしながら眠りにつきました
すると、私が歌を歌っていて、それをたくさんの人が聴いて癒されていくという映像が出てきました。そこで夢からさめました。私はいったい何を歌っていたのか、まったくわかりませんでした。

癒しが起こりそうな歌を考えて「はらひうた」「七福神祝詞」を歌ってみました。するとと目の前に光のツブツブが数個出てきました。でも短い歌だったので、すぐに消えてしまいました。

そこで、シンガーソングライターの福澤《ふくざわ》もろさんの「宇宙の唄　サークル・マイン

ド」を歌ってみました。すると目の前に光のツブツブがたくさん出てきました。

この光のツブツブは妖精だと思います。

それで、その患者さんの横で「宇宙の唄」を歌ってみました。すると痛みが消えて、うつぶせにまでなれました。これはすごいなと思ったので、「宇宙の唄」を録音してその方に持って帰っていただきました。

以来、「宇宙の唄」を私の講演やワークショップのときに歌うようになりました。

「宇宙の唄」は、臨死体験をした福澤もろさんが霊界で神様に会って、神様から「10年間の命をあげる、その間に地球を一つにする唄を作ってください」とお願いされたそうです。そしてもろさんは生き返り、ぴったり10年で亡くなったそうです。

その奇跡の10年間で作られた曲の代表が「宇宙の唄」です。

神様は臨死体験をした人によく「地球を一つにしてください」と頼まれるそうです。すい星を発見して、太古の水を作ったりしている木内鶴彦《きうちつるひこ》先生も霊界で神様に同じように頼まれたそうです。

宇宙の唄　サークル・マインド

歌詞　福澤もろ　作曲　福澤もろ

夜空仰げば　宇宙が見える
宇宙に星が　またたいている
宇宙に出れば　地球が見える
青く廻った　地球が見える

地球を見れば　海が見える
雲間に波が　キラキラ光る
海に出れば　大地が見える
波の向こうに　大地が見える

大地を見れば　花が咲いている
色とりどりの　花が咲いている

花を見れば　命が見える
いろんな命　息づいている

命を見れば　人が見える
同じ大地に　生きる人が
人を見れば　愛が見える
優しく心に　光る愛が

愛を見れば　自分が見える
夜空仰いだ　自分が見える

宇宙には星　大地には花
人には愛が　愛があればいい……

宇宙には星　大地には花
人には愛が　愛があればいい
そして……
夜空仰げば　宇宙が見える
宇宙に星が　またたいている
ラララ……

「宇宙の唄」は楽譜もないので、カバーをしている高橋洋子《たかはしようこ》さんの曲に合わせて歌っていましたが、音大を出て、楽譜を書けるトータルヘルスデザインの月野ことりさんが、楽譜を書き起こして、ピアノで伴奏を作ってくださいました。それにパーカッションもトータルヘルスデザインの横田翔さんが入れてくださいました。

「宇宙の唄」を歌うと妖精さんが出てくるので、手でつかんでみるとつかまりました。それを人に手渡すこともできますが、もらった方は見えないので、どうしようもありませんね。部屋中が暖かくなり、なぜだか涙が出てくる方がおられます。

東京のトータルヘルスデザインさんでワークショップをするときには、ピアノはことりさん、パーカッションは横田さんが伴奏を生でしてくださることになりました。そして、ほかのところでも歌えるように、ＹｏｕＴｕｂｅでも録音していただきました。

インターネットのホンマルラジオでインタビューを受けたときには、スタジオで、生演奏付きで歌わせていただきました。

「宇宙の歌」で心が満ちていく

横田翔

「宇宙の歌」をセミナーで演奏させていただけると聞いたとき、とてもワクワクしました。昔から、打楽器を叩いていると時間を忘れ、純粋に「楽しい」だけを感じていた学生時代の記憶がありますが、宇宙の歌を演奏しているときは、当時の無我夢中な自分がリアルに蘇ってきます。

森先生が以前、「感動して胸がいっぱいになると、物を食べたいと思わないでしょ?」とお話されていたことが印象的で、芸術に触れたり、自らが表現しているときは〝ごまかし〟ではなく心が満ちていきます。

「ラララ～」から始まるクライマックスはなるべく全員でつくりあげるように意識し、強弱でその変化を表現しています。森先生の声はとてもやさしい波長なので、当初はカフォンという、割とコツコツした音の楽器を用いていましたが、ジャンベという低音から高音まで奏でられる太鼓に変えました。

そして必ずセッティングに組み込んでいるのがウインドチャイムです。この楽器には思い入れがあって、今ではもう手に入らないものを使用しています。独特な爽やかな響きがあり、「宇宙の歌」の空間がきらきら華やぎます。

引き続き「宇宙の歌」で、皆さんと響き合っていきたいと思います。

演奏が始まると部屋のエネルギーが高くなり、温かくなる

月野ことり

森先生が「宇宙の唄」を歌われるようになった時、始めはどなたかの動画をかけながら、聴きながら、歌われていました。私は音大卒で、セミナールームにピアノもあることから「森先生、よろしければピアノがあるので伴奏しましょうか？」と提案させていただいたのが楽しいコラボレーションの始まりでした！

森先生がこれまで聴いて歌っていたアレンジのものが歌いやすいという配慮から、そ

れを譜面に起こして基本の形を作りました。本番はそれを軸にしつつ即興で弾いています。

森先生のお声は優しく、森先生そのもののエナジーが歌声にのって広がっていくのを感じます。私はそれを邪魔しないように、そして時には応援するように伴奏しております。

演奏が始まると、お部屋は間違いなくエネルギーが高くなり温かくなります。最近は講座に参加される皆さまにも浸透してきたので、一緒に歌ってくださる方も出てきました。そうするとさらに部屋の温度は上がりますね（笑）。泣いている方もいます。私も時々泣きます。

「宇宙の唄」の歌詞はとても素敵で、もともとパワーのある作品だと思いますが、それを森先生が歌われることで相乗効果抜群！　演奏している時は森先生はじめ、皆さまと一緒に音の波と一体となれることがとても気持ちいいです。

いつも素敵な体験を共有させていただき感謝でいっぱいです。ありがとうございます。

夢の中でおばあちゃんがしゃべった不思議な呪文

２０１９年の台風19号で、電車が止まって、家で台風の過ぎ去るのをじっと待っていた日のことです。私はあまり具合が悪くなったことがありませんが、そのとき左の目が腫れて結膜が充血して見えにくくなりました。右目は見えるのですが片目でいろいろなことをするのも大変なので、大人しく目を休めることにしてウトウトと寝てしまいました。

すると夢の中で、二人のおばあちゃんが出てきてチクチク針仕事しながら、「美智代さんは目が悪くなって大変だね」「そうだね」「そうなの」「ハベコビトメデベーじゃ」「カビハトメクデベーじゃ」と呪文のような言葉をしゃべっていました。

目が覚めてから、「あのおばあちゃんたち、治療の呪文みたいなもの教えてくれたけど、なんて言っていたか全然覚えてないなあ。惜しいなあ」と思ったので、自動書記で神様に聞いてみることにしました。

「さっきの夢のおばあちゃんたちの呪文はなんですか？」

すると教えていただきました。それで、すぐに左目に手当をしながら、一音ずつ声に出して言うと、目が楽になって、開けることができるようになりました。

これは私の結膜炎にだけ効くのか、それともほかの人のほかの病気にも効くのかわかりません。

「私のそばにいる妖精さん、出てきなさい」「感染症の原因のカビのようなもの、止まりなさい」と言っているような感じもします。

翌日、アトピー性皮膚炎の赤ちゃんが来たので、試しにおなかに手を当てながらこの呪文を唱えました。１週間後にまた来られて、「アトピーがよくなった」と教えていただきました。赤ちゃんにも効いたかもしれません。

これを使って何かよくなった場合は教えてください。

インドに行ってお釈迦様を背中に迎える

甲田先生が亡くなって少ししたころ、横井英昭さんが、不思議なハンコ屋さんのことをお話ししてくださいました。「３回死んで３回生き返った臨死体験」をなさったハンコ屋さんです。

東京の世田谷の山本印店の山本桃仙《やまもととうせん》先生です。ご先祖や前世などがわかってアドバイスしてくださったり、ハンコを作ると、運命が好転して、ビルが建つほど仕事がうまくいくとか、結婚、子宝など運命が好転するそうです。そのハンコのデザインが笑顔に見えて、とてもかわいいです。

山本印店はとても人気があるので、予約がなかなか取れないのですが、縁があってお会いすることができました。でも、私の持っているハンコを見ていただくと、「私の力はいらないから、作らなくてもいい」と言われ、作っていただけませんでした。

そのとき、私がお店に入ると、光が入ってきました。

「あなたはインドに行ったでしょう？　そこでお釈迦様を背中に背負ってきました。インド製の木製のお釈迦様の像を身近に置いておくといいですよ」と言われました。

実は私は19歳のとき、インドに1週間くらい旅行に行ったことがありました。

伯母さんの友達が若いころバックパッカーでインドに旅行していて、現地に友達が大勢いました。就職してから、現地の子供たちのために募金したりして援助を続けているので、インドのプーネだったと思いますが、弁護士さんとかお医者さんの家に泊まらせ

私が真ん中にいますが、オーラで光って消えていくところ。
白光《びやくこう》とは、純潔無《む》碍《げ》なる澄み清まった光、人間の高い境地から発する光をいいます。ホワイトスピリット、すなわち高級神霊の光です

講演の前に、エンジェルさんがたくさんいてピンクの光がそばに

ていただいて、小学校の運動会をテントの中に入れていただいて見学したり、アジャンタ遺跡やタージ・マハールに行ったり、楽しみました。

一緒に行った人が熱を出したり、食中毒になったときは、手当をしてあげたり、通訳していただいた妊婦さんのおなかの赤ちゃんに気をあげたりしました。

お釈迦様は、それから私の背中についてくださったようです。

そのおかげかもしれないと思うのは、私が書いた字や絵から気が出て温かく感じたり、触ったものが温かく感じてパワーグッズになるからです。やっぱり、私の背中にはお釈迦様がいるのかなと思いました。


いまだに離れずにお釈迦様がついているかなと思ったのは、琵琶湖の竹生島《ちくぶじま》に行ったときのことです。船で竹生島に渡って宝物殿に行ったときに、室内の中に二重ガラスの中に入ったお釈迦様が展示されていました。

お釈迦様の頭の上に垂れている飾りが、私が近づくと揺れます。

そして、離れると止まります。屋内の二重ガラスのケースに入って展示されているので風の影響はないと思います。ほかの人が近づいても、何も動かないのです。

竹生島、宝厳寺の宝物殿にあったお釈迦様

今度またインドに行ったときに、背中のお釈迦様が里心を出して戻ってしまったら困るなと思っています。お釈迦様は離れないで、「お供の仏様がもっとついてくるかもしれないよ」と言われても迷うところです。

この竹生島の宝厳寺《ほうごんじ》の宝物殿にあったお釈迦様は、どこから見ても、正面を向いている釈迦像が中に入っている珠《たま》で、なんと、藤原不比等がらみの珠「面向不背《めんこうふはい》の珠」。

藤原不比等の妹は、唐に嫁いでいたそうで、鎌足（不比等の父親）が亡くなり、弔いのために唐の皇帝が贈られた3種の宝物の一つが、この面向不背の珠だったそうです。

ところが、この珠、四国の志度沖（香川県さぬき市のあたり）で、嵐のために船が揺れて、海底に落ちてしまったそうです。

「唐からの大切な贈り物が大変」と不比等は四国までやってきて、一生懸命探します。不比等と恋仲になった海女さんも、愛する不比等のために、一生懸命探し、ついに珠を見つけることができました。子供は世継ぎに、だけど、珠を見つけた海女さんの体は龍に食べられて、「二人の間にできた子供を、どうか大切に育て、守ってほしい」と告げて、息をひきとるわけですが、その子供が、不比等の次男である「藤原房前《ふささき》」だそうです。

断食の神様、甲田先生の原点に帰って考えてほしい

甲田先生が生きていたころでは考えられないほど、断食やファスティングブームになりました。青汁もグリーンスムージーなどと言われて、おしゃれなネーミングになってたくさんの人が飲んでいます。

健康な人が予防のためにやっていて「時代は変わってきたな」と思いますが、胃腸の

弱い人には向いていない方法でもあるような気がします。甲田先生のやっていた断食は、胃腸の弱い人や、病気の人もできるように考えられていて、あまり手が込んでなくて単純なものが多かったと思います。

健康法は、一生、誰でも、死ぬまで続けられるように、安くて、簡単で、自分でできる、死ぬ前の日までできるもの。お金が続かないとできないのではなくて、お金持ちでなくともできるようにと考えられていました。

甲田先生の健康法をずっとやっていると、慣れてしまって、もっと工夫しておしゃれにしたらいいかな、豪華にしたらいいかなという人も出てくるでしょうね。それもよいのかもしれませんが、私は断食の神様、甲田先生の原点に帰って考えてほしいと思います。

運動もそうです。最近はジムや水泳など、たくさんの施設ができています。左右のバランスを整えるよい運動は、筋肉がつく上に神経伝達物質のドーパミンやノルアドレナリンなどが出て、心も陽気になってよいものです。

でも、80歳、90歳でも通えるかな、とか1日何時間も体操できるかな、といった心配や施設利用は高くて年金生活では難しい思いがあると、続かないかもしれません。

その点、西式健康体操は、わずか数分、一畳のスペースがあればできるので、高齢になってもできます。そのうえ効果は絶大ですから、ぜひ覚えて続けてみてください。

あまり、おしゃれでないかもしれないですけれど、一生の宝物になること請け合いです。

参考文献

『偉人・天才たちの食卓』佐伯マオ著　1991年　徳間書店
『食べること、やめました』森美智代著　2008年　マキノ出版
『「食べない」生き方』森美智代著　2013年　サンマーク出版
『釈尊の食法とウポワズ』前田行貴著　1991年　蓮河舎
『5度の臨死体験でわかったあの世の秘密』小林健著　2016年　イースト・プレス
『あなたはどの星から来たのか?』ファルス著　2012年　ヒカルランド
『相法極意修身録』水野南北著　1991年　たまいらぼ
『新装版　断食の教科書』森美智代著　2017年　ヒカルランド
『あるヨギの自叙伝』パラマハンサ・ヨガナンダ著　1983年　森北出版
『「ありがとうを言う」と超健康になる』町田宗鳳・森美智代著　2011年　マキノ出版
『地上最強の量子波&断食ヒーリング』小林健・森美智代・船瀬俊介著　2017年　ヒカルランド

参考文献

『少食の実行で世界は救われる』甲田光雄著　2006年　三五館
『あなたの少食が世界を救う』甲田光雄著　1999年　春秋社
『「おうち断食」で病気は治る』森美智代著　2016年　マキノ出版
『龍体文字で書けば夢がかなう101の言葉』森美智代著　2019年　徳間書店
『貼るだけで願いがかなう龍体文字図鑑』森美智代著　2019年　宝島社
『転生の秘密―超心理学が解明する（エドガー・ケイシー〈秘密〉シリーズ（1））』ジナ・サーミナラ著　多賀瑛訳　1985年　たま出版
『原本・西式健康読本』西勝造著　早乙女勝元解題　1979年　農文協

おわりに

この本を書くことになって、毎朝2時半か3時半に起きて、書き始めました（一日4000文字くらいを目標に、30日くらいで書きました）。

起きる直前の夢でその日に書くアイデアのようなものがポンと示されて、そのテーマに従って書いていったような原稿の進め方でした。

霊界の甲田先生が、助けてくださっているのかなとありがたく感謝して進めていきました。

久しぶりに断食の本に取りくみ、生まれてきた使命の中心部分にどっぷりつかることができました。

懐かしい甲田先生のこともたくさん書くことができて、とても幸せな日々でした。

そして、もっともっと伝えたい西武健康法についても書けて、大変嬉しく思っています。

西勝造先生と甲田光雄先生がくり返し書いてたくさんの人を健康に幸せにしたいと思って伝えてきた、その愛の想いに満ちたすぐれた療法を、私もまたお伝えできたことがとても光栄です。

この本の最初から最後まで根気よくアドバイスをくれて、甲田先生の書きたかった幻の本を教えてくださった横井英昭さんに感謝いたします。毎朝、2時半から3時半に起こして、私に天国から応援してくださった甲田光雄先生、五井昌久先生、断食に関するリーディングを残してくださったエドガー・ケイシー、貴重な体験記を書いてくださった白鳥哲監督、森裕之先生、K・Uさん、ありがとうございます。宇宙の唄の伴奏をしてくれた、トータルヘルスデザインさんの月野ことりさん、横田翔さん、ありがとうございました。皆さんのおかげでこの本ができました。

それから、徳間書店の皆さん、ありがとうございました。

この本を書いている中で、不思議な体験を思い出すことも多かったのですが、竹生島のお釈迦様が動いた出来事で写真や逸話を調べていると、藤原不比等が関係していることがわかって、藤原不比等は、大宝律令を制定したことにかかわっていて、龍体文字など神代文字を使わないようにした張本人であることがわかりました。

船瀬俊介先生に、龍体文字の本を謹呈したところ、「龍体文字は、藤原不比等が滅ぼしたんだよね」と教えてくださいました。

実は私の父方が武士の家系で、家系図があって、最初に桓武天皇が書いてあり、桓武天皇は、藤原不比等のひ孫にあたることがわかりました。藤原不比等は私のご先祖様の一人であるようで、ご先祖様が消したものを、末裔の私が令和の時代に解読して盛り上げていることがわかりました。

この本を書かなければそんなことを考えもしなかったでしょう。

ミラクルな事実がとても興味深く感じられました。

この本を読んで、目に見えない断食の効用に心を寄せてくださる方がいれば大変幸せです。ありがとうございました。

森美智代

2020年1月吉日

甲田光雄（こうだ　みつお）

1924年大阪府生まれ。2008年８月、死去。日本の医師、医学博士。

元・日本綜合医学会　会長。元・甲田医院（閉院）院長。断食療法の推進者。

中学３年の時、慢性の胃腸病に罹り２年間休学する。中学５年生時には重症の黄疸となり、急性肝炎を発症。1944年、陸軍士官学校へ入学。終戦により復員後、肝炎は慢性へと移行。

1954年、大阪大学医学部卒業。その後胆嚢胆道炎、十二指腸炎、大腸炎になり、大学病院で治療を続ける。しかし回復の見込みは立たず、頼りにしていた教授からも「もう帰ったほうがよい」と見放され、現代医学以外の民間療法や東洋医学へ目を向けるようになる。

奈良県の断食道場で11日間の断食を体験したときに、西勝造の著書『西医学・断食法』に出会う。その後、病気は快方に向かう。

1958年、甲田医院設立。西洋医学を修めた医師であるにもかかわらず、薬も出さない、注射も打たない医師となり、西式健康法を基本に、菜食の少食療法である西式甲田療法を確立した。

五井昌久（ごい　まさひさ）

1916年東京生まれ。1980年死去。祈りによる世界平和運動の提唱者。

生来信仰心が篤く、戦前、世界救世教の岡田茂吉や成長の家の谷口雅春に師事する。

1949年、想念停止の厳しい霊修行を経て、正覚を得る。

1955年白光眞光会を設立し、「世界平和の祈り」による個人、人類同時成道の道を開いた。

甲田光雄氏は五井昌久先生の世界平和の祈りに出合い、病の真因は貪瞋痴の三毒、即ち心の宿便にあり、これを取り去る最良の方法が世界平和の祈りであることを知り、西式健康法が目指す「霊肉の浄化」への道もこれによって万人に開かれるとして、西式甲田療法と共にその実践をすすめた。


本書で解説した少食・断食法については、本文中でも述べているように、急激に行わず、ご本人の体調に合わせて無理なく行ってください。

JASRAC 出 2000716-001

森 美智代（もり　みちよ）

1962年生まれ。短大卒業後、養護教諭として大阪府で勤務中に難病の脊髄小脳変性症を発病。以来西式甲田健康法を実践し、難病を克服。

その後、鍼灸学校に入り、鍼灸師の免許を取得。現在、大阪府八尾市で森鍼灸院を開業。

1日約50キロカロリー青汁1杯とサプリメントだけの生活を20年近く続けている。

映画『不食の時代』白鳥哲監督、映画『「食べること」で見えてくるもの』（サンマーク出版配給）に出演。

著書に『食べること、やめました』、『「ありがとうを言う」と超健康になる』（町田宗鳳氏との共著）、『食べない人たち』『食べない人たち　ビヨンド』（秋山佳胤と山田鷹夫氏との共著）、『おうち断食で病気は治る』（ともにマキノ出版刊）、『「食べない」生き方』（サンマーク出版刊）、『新装版　断食の教科書』（ヒカルランド）、『開運！龍体文字の奇跡』『書いて開運！龍体文字練習帳』（ともにマキノ出版）、『貼るだけで願いがかなう龍体文字図鑑』（宝島社）、『龍体文字で書けば夢がかなう101の言葉』（徳間書店）がある。

ホームページ　http://www004.upp.so-net.ne.jp/mori-harikyu/

「断食の神様」に教わった
霊性を高める少食法

第1刷　2020年1月31日
第4刷　2022年3月10日

著　者　森美智代
発行者　小宮英行
発行所　株式会社徳間書店
〒141-8202　東京都品川区上大崎3-1-1
目黒セントラルスクエア
電　話　編集（03）5403-4344／販売（049）293-5521
振　替　00140-0-44392

印刷・製本　大日本印刷株式会社

ISBN978-4-19-865013-1

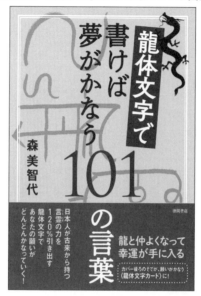